创客教育系列丛书

Python 程序设计

胡永跃 主　编
任懿娜 副主编

清华大学出版社
北京

内 容 简 介

本书为"创客教育系列丛书"高中第一册，内容由"Python 语言基础""Python 图画编程""Python 与开源硬件"三部分构成，围绕计算思维设计了"中国诗词测试游戏编程""绘制中国传统文化元素""贴心小哥——智能小伙伴"项目范例。通过"情境→主题→规划→探究→实施→成果→评价"的项目学习方式展开活动，帮助同学们掌握本书的基础知识、方法与技能，增强创新意识，发展计算思维，提高数字化学习与创新能力，树立正确的信息社会价值观和责任感，力图通过软、硬结合，多学科融合，促进同学们创新素养的提升。

本书为创客教育系列丛书高中第一册，适合高中一年级学生阅读使用。

本书封面贴有清华大学出版社防伪标签，无标签者不得销售。
版权所有，侵权必究。侵权举报电话：010-62782989 13701121933

图书在版编目(CIP)数据

Python程序设计 / 胡永跃主编. —北京：清华大学出版社，2020.8
（创客教育系列丛书）
ISBN 978-7-302-56080-7

Ⅰ.①P… Ⅱ.①胡… Ⅲ.①软件工具—程序设计—高中—教学参考资料 Ⅳ.①G634.673

中国版本图书馆CIP数据核字(2020)第140625号

责任编辑：张　瑜
装帧设计：杨玉兰
责任校对：李玉茹
责任印制：宋　林

出版发行：清华大学出版社
　　　网　　址：http://www.tup.com.cn, http://www.wqbook.com
　　　地　　址：北京清华大学学研大厦A座　　　邮　编：100084
　　　社 总 机：010-62770175　　　邮　购：010-62786544
　　　投稿与读者服务：010-62776969, c-service@tup.tsinghua.edu.cn
　　　质量反馈：010-62772015, zhiliang@tup.tsinghua.edu.cn
印 装 者：三河市铭诚印务有限公司
经　　销：全国新华书店
开　　本：210mm×285mm　　　印　张：8.25　　　字　数：208千字
版　　次：2020年8月第1版　　　印　次：2020年8月第1次印刷
定　　价：49.80元

产品编号：088181-01

序

全球化和人工智能、大数据、区块链等技术的飞速发展，正在深刻改变着人才需求和教育形态，促使学生掌握在 21 世纪生存和成功所需的知识与技能，它们被称为 21 世纪的高阶思维技能、更深层次的学习能力以及复杂的思维和沟通技能。创客教育与 STEM 教育作为跨学科综合教育的有效形态，在全球范围内，特别是在美国、英国、德国、以色列、芬兰、日本等发达国家，已被提升到国家发展及人才战略的高度。近年来，STEM 教育理念在我国也越来越受到广泛重视并达成共识，其优越性体现在以下方面。

一是用知识解决问题。学生需要应用知识和技能，并且必须能够将知识和技能、学习和能力、惰性学习和主动学习、创造性和适应性的学习转化为有价值的高阶思维的分析、评价与创造。

二是批判性思维。批判性思维被认为是 21 世纪学习的基础，包括对信息的获取、分析和综合，并可以被教授、练习和掌握。批判性思维还利用了其他技能，如交流、信息素养能力，以及检验、分析、解释和评估证据的能力。

三是问题解决能力。21 世纪学生的另一个基本能力是解决问题，研究和解决问题的技能包括识别和搜索、选择、评估、组织和权衡备选方案和解释信息的能力。

四是沟通与协作。良好的沟通能力，包括口头和书面表达令人信服的想法的能力，能提出明确的意见，能接受连贯的指示，并通过言语激励他人，这些能力在工作场所和公共生活中都被高度重视。规范的合作学习需要改变课程、教学、评估实践、学习环境和教师的专业发展，21 世纪的合作将在学校内部、学校之间、学校内外的沟通之间发展。

五是创新与创造力。在全球化竞争和任务自动化的今天，创新能力和创新精神正在迅速成为职业和个人成功的必要条件，勇于"抓住"问题和实践探究"开拓新领域"的能力，激发新的思维方式，提出新的想法和解决方案，提出不熟悉的问题，并得出意想不到的答案，进一步激发创新和创造力。

六是基于项目和基于问题的探究式学习是 21 世纪教与学的核心，是实现 21 世纪教育目标的理想教学模式。学生们通过设计和构造现实生活中问题的实际解决方案来学习，在小组合作中，学生将开展跨学科知识融合与研究，对项目的不同部分负责，互相评价对方的工作并创造出专业的高质量产品，这将有助于培养学生在现实世界中解决问题的能力。

国内对 STEM 课程的研究还处于起步阶段，存在概念理解偏差、课程设置不完善以及师资力量不足等问题。一些技术驱动的创客内容，脱离了教育本质，未能以核心素养为本推动学生内在发展。虽然国内也出现了许多课程，如机器人、3D 打印、编程等，但大多呈现出碎片化的状态，没有形成一套完整的课程可供大家参考和借鉴。针对这种情况，"创客教育系列丛书"力求以系统化、可持续、可评价的方式开展 STEM 教育和创客教育的理论研究与实践探索，研发了一套 STEM 教育和创客教育的系统化课程，完成了从小学、初中到高中的有效衔接，以落实基于 21 世纪核心素养人才的培养方案。本丛书编写的指导思想，结合了我国国情，从"立德树人、服务选才、引导教学"角度出发，融项目式学习（PBL）、STEM 理念于一体，基于通识教育，以项目式学习推进 STEM 教育。该丛书包括小学三册、初中三册、高中三册，立足于大众创客教育，围绕数字创作、人工智能、创意制作、畅想创作四类课程有效进阶，结合网络学习平台，软硬结合，虚实融合，线上线下整合，培养学生 21 世纪核心技能。因此，该丛书的内容设计在选取上注重输入与输出的有效对接，每种课程都有合适的出口，最终都呈现出学生作品，与培育精英人才结合，与市、省及国家级的竞赛活动衔接。本丛书解决了跨学科融合与考试升学之间的矛盾；解决了不同地区经费需求不同的问题；解决了创客教育与 STEM 教育可持续性问题；解决了创客教育师资不足的问题。丛书出版以符合教育部公示并通过审核的面向中小学生的全国性竞赛活动为准，作品无论是虚拟创作还是实体制作，都是一个项目、一种工程。该丛书用项目式学习为师生提供明确的教学指引和学习支架，小学、初中、高中各阶段教材均以知识技能为主线，以项目教学或项目式学习为辅线，通过项目范例、项目选题、项目规划、探究活动、项目实施、成果展示、活动评价等环节引领教与学的活动。丛书中项目教学的思路主要通过项目式学习实施路径和项目活动评价表予以落实。

该丛书立足创客教育与 STEM 教育战略高度的顶层设计，聚焦教育创新战略，设计教育改革发展蓝图，积极探索新模式，借鉴国际教育发展前沿趋势和国内创新实践，聚焦提升人才培养质量，以为国家建设培养创新人才为核心，整合全社会资源，项目引路，构建由中小学校校内之间、不同学校之间以及校外与科研机构、高新企业、社区和高等学校组成的项目式学习发展共同体，以实施系统完整的创客课程与 STEM 课程为主线，打造覆盖区域的课程实施基地，面向全体，让每一个学生接受创客教育与 STEM 教育，通过课程的常态化和人才选拔，培养国家发展急需的创新型人才和高技能人才，为国际教育发展和科技创新型人才培养提供中国智慧和中国方案。

该丛书难免存在缺点和不足，殷切希望广大读者批评指正！

中国教育信息化创客教育研究中心
丛书主编　孙晓奎
2020 年 7 月

给同学们的话

21世纪是一个新硬件不断发展的时代,以软件技术、互联网和大数据技术为基础,以创客为主要参与群体,以硬件创作为主要表现形式的新的产业形态已经初现端倪。显然,掌握信息技术,尤其是掌握程序设计技术,具备动手编程、实现创意、积极分享的意识和技能,将是新时代弄潮儿的基本保障。

为了跟上时代的发展步伐,发展计算思维,培养编程能力,我们编写了本书,旨在让同学们能通过编程实践,感受Python语言的魅力,体验运用科学文化知识进行模仿、制作、创作和分享的乐趣,培养解决实际问题的能力。

本书由"Python语言基础""Python图画编程""Python与开源硬件"三部分内容构成,围绕计算思维设计了"中国诗词测试游戏编程""绘制中国传统文化元素""贴心小哥——智能小伙伴"项目范例。通过"情境→主题→规划→探究→实施→成果→评价"的项目学习方式展开活动,帮助同学们掌握本书的基础知识、方法与技能,增强创新意识,发展计算思维,提高数字化学习与创新能力,树立正确的信息社会价值观和责任感,从而促进同学们创新素养的提升。

本书各章首页的导言,叙述了本章的学习目的与方式、学习目标与内容,让同学们对该章有个总体认识。每章设置了"本章扼要回顾",通过知识结构图把每章的主要内容及它们之间的关系描述出来,这有助于同学们建立自己的知识结构体系。

同学们,作为新时代的天之骄子,让我们一起迈进新技术的殿堂,在学中做,在做中创,在创中乐,共享创作,分享创作,努力成长为新时代的创客。

目 录
CONTENTS

第1章　Python 语言基础 1

项目范例：中国诗词测试游戏编程 2
第1节　Python 平台及其使用 5
　　一、Python 的产生及其特点 5
　　二、Python 的下载与安装 7
　　三、Python 平台的使用 8
第2节　Python 程序设计基础知识 12
　　一、常量和变量 12
　　二、数据类型 13
　　三、运算符与表达式 14
　　四、函数 15
第3节　顺序结构程序设计 17
　　一、Python 的顺序结构 17
　　二、顺序结构的应用 18
第4节　选择结构程序设计 20
　　一、Python 的选择结构 20
　　二、条件语句格式 20
　　三、条件语句嵌套 21
第5节　循环结构程序设计 24
　　一、循环结构 24
　　二、循环语句 24
第6节　Python 的文件操作 30
　　一、打开文件函数 31
　　二、读取数据 32
　　三、写入数据 32
本章扼要回顾 35
回顾与总结 36

第2章　Python 图画编程 37

项目范例：绘制中国传统文化元素 38
第1节　海龟画图初步 40
　　一、海龟绘图指令 40
　　二、海龟绘图实例 43
第2节　Python 函数 47
　　一、Python 内建函数 48
　　二、自定义函数 50
第3节　Python 模块及其应用 60
　　一、模块的概念 60
　　二、模块的应用 61
第4节　递归及其应用 63
　　一、递归的概念 64
　　二、递归的应用 65
　　三、分形图形设计 68
本章扼要回顾 73
回顾与总结 74

第3章　Python 与开源硬件 75

项目范例：贴心小哥——智能小伙伴 ... 76
第1节　开源硬件 micro:bit 78
　　一、micro:bit 简介 78
　　二、micro:bit 库 84
　　三、micro:bit 板载设备 86
第2节　micro:bit 的输出控制 92
　　一、micro:bit 的 I/O 引脚 92
　　二、micro:bit 的输出 94

第 3 节　micro:bit 对舵机的控制 99
　　一、舵机控制 100
　　二、舵机应用——家务小转盘 101
　　三、舵机应用——八音自动
　　　　打击琴 103
第 4 节　micro:bit 交互通信 104
　　一、micro:bit 有线通信 104
　　二、micro:bit 无线通信 107
第 5 节　micro:bit 感知外部信息 110
　　一、传感器 111
　　二、蓝牙通信 113
本章扼要回顾 120
回顾与总结 121

附录　项目活动评价表 122

第 1 章

Python 语言基础

Python 是一种高层次的具有解释性、编译性、互动性的面向对象的脚本语言。

由于 Python 编程易学易用，且积累了大量的工具库、架构，开发效率相比其他语言更高。而人工智能涉及大量的数据计算和编程设计，因此，Python 不仅成为人工智能技术的首选编程语言，而且也可成为初学者学习程序设计的首选语言。

本章将通过"中国诗词测试游戏编程"项目范例，进行自主、协作、探究式学习，让同学们认识 Python 平台，理解 Python 语言的三种基本结构及 Python 的文件操作，学会使用平台编程解决简单问题，从而将知识建构、技能培养与思维发展融入运用数字化工具解决问题和完成任务的过程中，促进计算思维的发展，完成项目学习目标。

◎ Python 平台及其使用
◎ Python 程序设计基础知识
◎ 顺序结构程序设计
◎ 选择结构程序设计
◎ 循环结构程序设计
◎ Python 的文件操作

项目范例：中国诗词测试游戏编程

● **情境**

高中生小龙想学习 Python 编程，同时想用它来做一些有趣的事。他在思考，编程可以解决自己学习和生活中的哪些问题呢？是用于辅助计算，用来验证某种猜想，还是用来模拟生活中的一些现象，又或是进行自动化的控制呢？他灵光一现，编程这么"现代化"的事情，要是能用它开展一场"古今对话"，不是很有趣吗？正好，文学、历史等文化知识的学习是他每天都要面对的事情。于是，他想用 Python 来编写有关文化知识的测试游戏，这样在学习编程的同时，又可以回顾文化知识。"文化＋编程"之旅一举多得，太棒啦！

● **主题**

中国诗词测试游戏编程。

● **规划**

根据项目范例的主题，在小组中进行讨论，利用思维导图工具，制订项目学习规划，如图1-1所示。

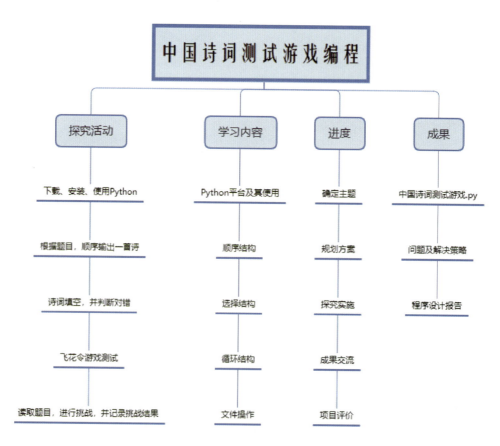

图1-1 "中国诗词测试游戏编程"项目学习规划

● 探究

根据项目学习规划的安排，通过调查和案例分析、文献阅读或网上搜索资料，开展"中国诗词测试游戏编程"项目学习探究活动，如表1-1所示。

表1-1 "中国诗词测试游戏编程"项目学习探究活动

探究活动	学习内容	知识技能
Python平台及其使用	Python特点	了解Python语言的产生及其基本特点；熟悉Python平台的下载、安装与使用
	Python平台	
	平台使用	
Python程序设计基础知识	常量与变量	了解变量、常量、数据类型、函数等程序设计基础知识
	数据类型	
	运算符与表达式	
	函数	
顺序结构	顺序结构程序	熟悉输入、赋值与输出语句的使用；熟练使用顺序结构编程
选择结构	条件语句	了解Python条件语句及其嵌套；熟练使用Python条件语句编程
	条件语句嵌套	
循环结构	for循环	了解Python循环语句的两种格式；熟练使用Python循环语句编程
	while循环	
文件操作	打开文件函数	掌握Python文件操作的基本方法；熟练利用读、写函数编写程序
	读、写函数	

● 实施

实施项目学习各项探究活动，认识Python的产生及其特征，理解利用三种程序结构进行程序设计的意义和作用，并利用三种程序结构编写Python程序，实现项目主题。

● 成果

在小组开展项目范例学习的过程中，利用思维导图工具梳理小组成员在"头脑风暴"活动中的观点，建立观点结构图，运用多媒体创作工具（如演示文稿、在线编辑工具等），综合加工和表达，形成如图1-2所示的可视化学习成果，并通过各种分享平台发布可视化学习成果以及诗词测试的游戏程序。

图1-2 "中国诗词测试游戏编程"可视化报告目录截图

● 评价

根据本书附录中的"项目活动评价表"对项目范例的学习过程和学习成果，在小组和全班中，或在网络上开展交流，进行自评和互评。

● 项目选题

请同学们以3～6人组成一个小组，从下面选择一个参考主题，或者自拟一个感兴趣的主题，开展小组项目学习：

1. "有趣的数学"计算游戏编程。
2. "有趣的物理"验证游戏编程。
3. "有趣的电器"模拟控制游戏编程。

● 项目规划

各小组根据本组的项目选题，参照项目范例的样式，利用思维导图工具，制定相应的项目规划和实施方案。

● 方案交流

各小组将完成的方案在全班中进行展示交流，师生共同探讨、完善项目方案。

第1节　Python 平台及其使用

● 小龙的想法

小龙想用 Python 开展一场编程与诗词的"碰撞"，当然要先去了解 Python，熟悉如何使用 Python。于是他开始了探究学习的第一步——Python 平台的产生、特点，以及安装和使用。

Python 不仅受到很多专业人士的青睐，也是一种适合初学者学习和使用的程序设计语言。由于 Python 所支持的库非常丰富，因而使用 Python 编程可以解决各种各样的实际问题。

一、Python 的产生及其特点

1. Python 的产生

Python 是由吉多·范罗苏姆（见图 1-3）于 1989 年开发的程序设计语言，并于 1991 年发布了第一个公开发行版本。近些年，在编程排行榜上，Python 一直名列前茅。

图 1-3　吉多·范罗苏姆（Guido van Rossum）

Python 的产生当然有它的时代需求，在此希望大家重点关注它"好（hǎo）玩"的特点。

Python 译作"蟒蛇"，是不是感觉很强大？事实上，Guido 是 BBC 喜剧电视剧——蒙提·派森的飞行马戏团（Monty Python's Flying Circus）的爱好者。1989 年的圣诞节，在阿姆斯特丹，为了打发时间，Guido 决定开发一个新的脚本解释程序，并取名为"Python"。希望所有人都能

用一颗"好（hào）玩"的心来学习编程，因为 Python 可以做很多好玩的事。

2. Python 的特点

编程的语言那么多，为什么要选择 Python 呢？在它的众多优点中，以下几个格外吸引人：

（1）Python 是开源的。"开源"意味着用户可以扩展 Python，创建一些新的工具供自己和他人使用。所以，你可以找到很多免费的 Python 工具下载并使用。

（2）Python 兼容性强。Python 可以在 Windows、苹果等各种类型的计算机上运行，如 UNIX、Windows、MacOS、Ubuntu、OS/2 等。

（3）Python 是面向对象的编程语言。比如函数、模块、字符串、数字等都是对象。Python 支持类和多层继承等的面向对象编程技术。

（4）Python 简单、易读。Python 是一种代表简单主义思想的编程语言。了解了它的语法规则后，阅读 Python 程序就像在读英语一样流畅。

（5）Python 很强大。Python 有庞大的标准库，以及丰富的、功能齐全的其他第三方库，可以帮助用户处理各种工作。

（6）Python 很优雅。经过 Python 设计者以及 Python 社区文化的长期熏陶，逐渐演化出一种独特的、优雅的编程风格。好的 Python 代码简练、明确、优雅、执行效率高，可以说它很"pythonic"。

为了让大家对"pythonic"有更清晰的了解，下面举两个例子。

（1）解决数学问题是编程的一大应用，如果要计算"$0^2+1^2+2^2+3^2+4^2+5^2+6^2+7^2+8^2+9^2=？$"只要运行程序 1-1，就可以得到如图 1-4 所示的结果，代码只有 1 行！

★程序 1-1　自然数的平方和

```
print (sum(i**2 for i in range(10)))
```

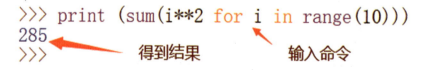

图 1-4　求自然数的平方和程序及其结果

（2）字符串操作在编程时较为常见，对于已有的几个字符串，想要通过多种方式（如 +、-、*、/、逗号等）将它们连接成一串，使用优雅的 Python，只需 2 行代码！

运行程序 1-2，得到的结果如图 1-5 所示。

★程序 1-2　唐朝诗人

```
names = ['李白','杜甫','白居易','王维','李商隐','杜牧','刘禹锡','王昌龄','岑参','李贺']
print (' - '.join(names))
```

```
Python 3.7.0 (v3.7.0:1bf9cc5093, Jun 27 2018, 04:59:51) [MSC v.1914 64 bit (AMD64)] on win32
Type "copyright", "credits" or "license()" for more information.
>>> names = ['李白','杜甫','白居易','王维','李商隐','杜牧','刘禹锡','王昌龄','岑参','李贺']
>>> print (' - '.join(names))
李白 - 杜甫 - 白居易 - 王维 - 李商隐 - 杜牧 - 刘禹锡 - 王昌龄 - 岑参 - 李贺
>>>
```

图 1-5　字符串连接程序及其运行结果

【交流】

上网搜索或到图书馆查阅资料，了解"Python 的优雅"，并在小组内进行交流。

二、Python 的下载与安装

Python 是跨系统的程序设计语言，关于 Python 的下载与安装，这里以在 Windows 系统平台的安装为例介绍其过程，其他系统的使用方法大同小异。

1. Python 的下载

搜索 Python，进入 Python 官方网站的下载（Downloads）页面，根据操作系统，找到合适的版本，如图 1-6 所示，自行下载解压。（本书所有示例程序都是基于 Python 3 系列版本）

图 1-6　Python 官网下载页面

2. Python 的安装

为了方便使用，安装 Python 时，注意不要选择默认安装，选择自定义安装比较好。具体操作如下。

（1）在合适位置建立安装文件夹，如 D:\Python。

（2）运行安装文件（如 python-3.7.0-amd64.exe），在弹出的安装界面中选择 Customize Installation（定制安装），并注意勾选 Add Python 3.7 to PATH（添加 Python 3.7 到路径）。

（3）在下一个页面，注意勾选 Precompile standard library（预编译标准库），并通过 Browse（浏览）按钮选择创建好的安装文件夹（如 D:\Python），然后单击 Install（安装）按钮，一会儿就可完成安装。

（4）安装完后，可在桌面创建一个 Python 的快捷方式，其路径和文件类似 D:\Python\Lib\

idlelib\idle.pyw。

注意：如果在安装 Python 时选择的是默认安装（Now Installation），那么，就必须在安装完后，手工配置环境变量（"控制面板＼系统和安全＼系统"-"高级系统设置"-"环境变量"-编辑系统变量"path"-"新建"-Python 所在路径……）和创建快捷方式等。

【体验】

（1）尝试下载 Python 新的发行版本，并进行安装、调试。

（2）Python 可以将其他语言编写的控件或库文件变为扩展库而为已所用。上网搜索或到图书馆查阅资料，体验如何下载安装扩展包。

三、Python 平台的使用

Python 平台可选择以下三种模式（交互会话、程序文件、在线练习器）之一使用。

1. 交互会话模式

在 Windows 系统中安装完 Python 后，运行 Python 即进入交互会话模式，操作如图 1-7 所示。

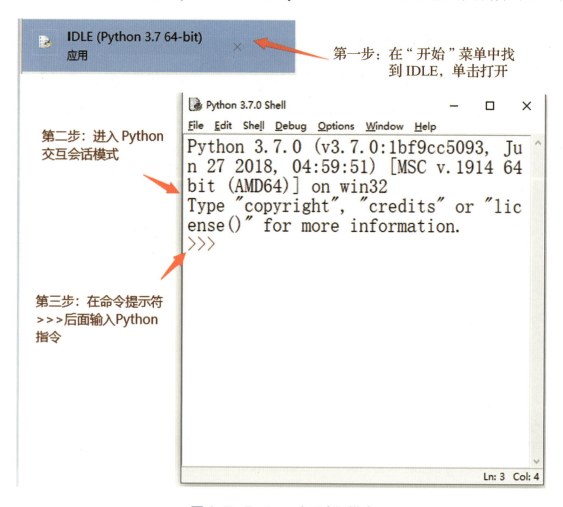

图 1-7　Python 交互会话模式

Python 交互会话模式有以下几点需要注意。

（1）只能够输入 Python 指令。

在 Python 交互模式下输入 Python 代码指令，如 print（2**3）或 " 李白 "*5 等，按 Enter 键结束命令，运行结果将如图 1-8 所示显示在 Python Shell 窗口（就是启动 IDLE 时出现的那个窗口）中。

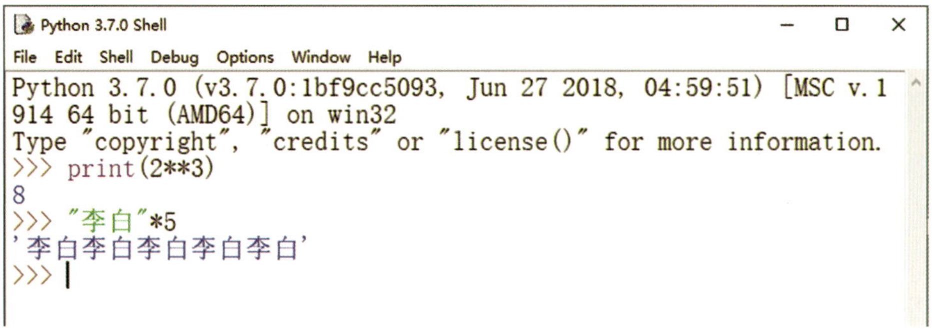

图 1-8　Python Shell 窗口

（2）打印语句可以省略关键词。

在交互模式下不需要输入完整的打印语句，解释器能够自动打印表达式的结果，但是在程序文件模式中则需要写出完整的 print() 语句才能打印结果。

（3）提示符的变换和复合语句。

当在交互模式下输入两行或多行复合语句（如 if 语句、for 循环语句等）时，提示符会由 >>> 变成 …；如果要结束复合语句的输入并执行它，则必须按两次 Enter 键。

（4）一次运行一条语句。

若想测试某一条指令，交互模式是一个很好的测试方法。输入指令然后按 Enter 键即可看到执行结果，非常方便。

【实践】

在 Python 交互会话模式下输入 Python 代码，显示"Hello World！"。

2. 程序文件模式

程序文件模式下，需要重点掌握四个内容：打开、新建、保存和运行。

1）打开与运行

Python 程序可以用记事本或其他文本编辑工具编写，然后以 .py 的扩展名保存到某一文件夹中，再用 IDLE（Python 3）将其打开运行。

① 启动 IDLE，单击 File（文件）菜单，选择 Open（打开）命令，打开保存好的 Python 程序文件（如 HelloChina.py）。

② 单击 Run（文件）菜单，选择 Run Module 命令，运行 Python 程序文件。

③ 运行结果在 Python Shell 窗口中显示，具体操作如图 1-9 所示。

2）新建与保存

启动 IDLE，在 File（文件）菜单中选择 New File（新建文件）命令，进入 Python 编程界面，输入如程序 1-3 所示的程序，单击 File（文件）菜单，选择 Save（保存）命令，然后设置保存路径、程序文件名称。

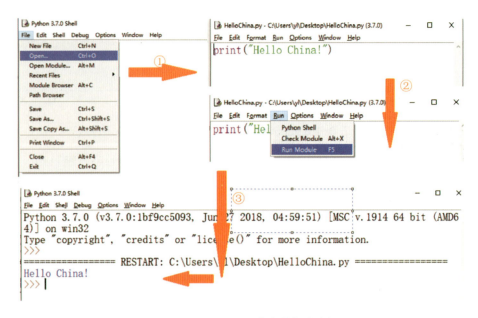

图1-9　Python程序文件运行过程

★程序1-3　祝福祖国

```
name1=input("请输入姓名：")
wish1=input("请输入祝福：")
name2=input("请输入姓名：")
wish2=input("请输入祝福：")
name3=input("请输入姓名：")
wish3=input("请输入祝福：")
print(name1,'祝愿祖国——',wish1)
print(name2,'祝愿祖国——',wish2)
print(name3,'祝愿祖国——',wish3)
```

运行程序1-3，结果如图1-10所示。

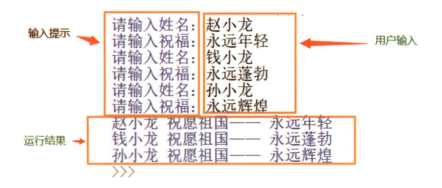

图1-10　祝福祖国程序及其运行结果

【体验】

新建 Python 程序，在程序文件模式下输入如图 1-11 所示的程序，并保存、运行。

图 1-11　测试程序

3. 在线练习器

在线的 Python 运行环境，无须下载 Python，也不用安装配置，可以直接在线编程并测试。但在线的 Python 不支持输入语句，也不支持外部库，故很多有趣的程序（如海龟画图等）不方便在练习器中运行。

在线练习器有两个版本，一是 Python v2.7.13，由 compileonline.com 提供，不支持中文；二是 Python v3，由 runoob.com 提供。在此，我们选择第二个，打开网页，页面左边是写程序代码的地方，单击中部上方的"点击运行"按钮，就可以在页面右边看到程序的结果，如图 1-12 所示。

图 1-12　Python v3 在线练习器

【体验】

请通过 Python 在线练习器体验程序 1-1～程序 1-3 代码的输入和运行。

通过本节的学习，小龙知道了如何使用 Python 平台。

● 项目实施

编程项目的开展离不开编程环境的应用，请利用本节所学知识，积极开展 Python 平台的使用探究，并结合自己的项目主题和方案开展项目实践。

第2节　Python程序设计基础知识

● 小龙的想法

小龙用Python编写诗词测试游戏，进行古今对话的探究遇到了困难！他想给Python"下指令"，却不知道要怎么"说"。他要学会如何把他的"指令"，变成Python能够解读并执行的命令，就要先去了解Python的"语法规则"，于是，他开始探究什么是常量和变量，Python的数据类型，以及运算符和表达式等内容。

在正式开始Python程序设计之前，我们首先得了解一些Python程序设计的基础知识，包括常量和变量、数据类型、运算符与表达式、函数等概念。

一、常量和变量

编程主要是对各种数据（可能是数字、字母、图片、文件等类型）进行不同的处理（输入、输出、查找、转换等）。数据总是以常量或变量两种形式存在于程序中。

1. 常量

常量是指在程序运行过程中不会发生变化的量，通常是固定的字符串或数值。如"李白"、"HELLO"、3.14159、5等都是常量。在Python 3中，字符串常量应该置于一对英文的单引号或双引号之间，比如'HELLO'、"HELLO"都可以。

2. 变量

变量是在程序运行过程中值可以发生变化的量。

变量包含两部分：变量名和变量值。

如：name = 'Lilei' 这一语句中，name就是一个变量名称，'Lilei'就是这个变量的值，这个值本身是一个字符串。

Python中，"="表示赋值，即将"="右边的值赋给左边的变量。

又如：x = 9 *（5 + 7）这一语句中，x是变量名，它的值是表达式"9 *（5 + 7）"的结果，即108。

【思考】

在图1-8和图1-11中有常量和变量吗？哪些是常量，哪些是变量？

变量的命名要遵守Python的标识符命名规定。

（1）只能由字母（a～z、A～Z）、数字0～9以及下划线组成。

（2）变量名的第一个字母不能是数字。

（3）不能用Python已经定义的具有特定作用的关键词做变量名，如"def"。

（4）区分大小写，如a1和A1是不同的变量名。

【实践】

在 Python 中输入如图 1-13 所示的程序语句，预估 Python 的输出结果并与实际输出结果进行比较，理解变量的概念。

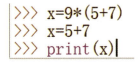

图 1-13 实践测试程序

二、数据类型

数值和字符串是最常用的两种数据类型，但是 Python 能直接处理的常用数据类型并不仅这两种。Python 常用的基本数据类型如表 1-2 所示。

表 1-2　Python 常用的基本数据类型

数据类型	类型说明	示　例
Number（数值）	int（整型）：正负整数。在 Python 3 中，无论整数的大小长度是多少，都是 int 整型。 float（浮点型）：包含小数。也可以用科学记数法表示	x=12345678910111213141516 17 x 的值是整型 p=3.1415926535898 p 的值是浮点型 k=3.14e3 k 的值是 3140.0
String（字符串）	字符串是以英文单引号或双引号括起来的任意文本。字符串里的字符是有序的，序号（索引号）从 0 开始，-1 是倒数第一个字符的索引	s1='Hello' s2="Hi" s1[0] 即 'Hello' 字符串中的第一个字符 'H'； s1[-1] 即 'Hello' 字符串中的倒数第一个字符 'o'
List（列表）	列表是一种有序集合，列表内的元素用方括号"[ ]"括起，每个元素用逗号隔开。元素可以是不同类型的，并且可以修改。列表索引也是从 0 开始	L=[ ] L=[[1, 2, 3], 'a', 3.14] L[0] 是 [1, 2, 3] L[2] 是 3.14
Tuple（元组）	元组是不可以修改的列表，元素用圆括号"( )"括起	T= ('name', 'age', 'Number') T[0] 是 'name'
Set（集合）	集合是一个无序、不重复的元素集合，同一集合中只能存储不可变的数据类型，比如数值、字符串、元组。创建空集用 set()。给集合赋值用 {}。集合可以用来求"交、差、并、补"等关系	s0 = set( ) s1 = { 11, 22, 33, 44 } s2 = { 11, 55, 66, 77 } 求交集用 s1 & s2 得到结果 { 11 }
Dictionary（字典）	字典是无序的"键:值"对的集合，用大括号"{ }"括起，每个"键"与一个"值"相对应，每个字典中，"键"是唯一的，使用"键"来访问它对应的"值"	D = {'No1' : 97, 'No2' : 95, 'No3' : 94} print（D['No1']）则输出 97

【交流】

在程序 1-2 中使用了哪些数据类型？

三、运算符与表达式

设计程序时经常要对参与运算的对象（称为操作数，可以是常量、变量、函数）进行运算或处理，不同的运算要用到不同的运算符。由运算符和操作数连接而成的式子称为表达式。常用的运算符及表达式示例如表 1-3 所示。

表 1-3 运算符与表达式

运算类型及运算符		描述	示例：x = 5，y = 3	
			表达式	表达式结果
算术运算（用于数学运算）	+	加	x + y	8
	−	减	x − y	2
	*	乘	x * y	15
	**	幂	x ** y	125
	/	除	x / y	1.6666666666666667
	//	整除(除后向下取整,不是四舍五入)	x // y	1
	%	求余数	x % y	2
关系运算（关系判断，结果为 False 或 True，可对应于整数 1 或 0）	<	小于	x < y	False
	<=	小于等于	x <= y	False
	>	大于	x > y	True
	>=	大于等于	x >= y	True
	==	等于	x == y	False
	!=	不等于	x != y	True
逻辑运算（结果为 False 或 True，可对应于整数 1 或 0）	and	"与"。a and b，若 a 为 False，表达式结果为 False	x<y and y>0	False
		a and b，若 a 为 True，表达式结果为 b 的值	x>y and y	3
	or	"或"。a or b，若 a 为 True，表达式结果为 a 的值	x>y or x	True
		a or b，若 a 为 False，表达式结果为 b 的值	x<y or y	3
	not	"非"，若 a 为 True，not a 是 False；若 a 为 False，not a 是 True	not x<y	True

续表

运算类型及运算符		描 述	示例：x = 5 , y = 3	
			表达式	表达式结果
赋值（改变的是左边的变量值）	=	赋值	x = y	x 的值为 3
	+=	加后赋值：a+=b，即 a=a+b	x += y	x 的值为 8
	-=	减后赋值：a-=b，即 a=a-b	x -= y	x 的值为 2
	*=	乘后赋值：a*=b，即 a=a*b	x *= y	x 的值为 15
	/=	除后赋值：a/=b，即 a=a/b	x /= y	x 的值为 1.6666666666666667
	//=	除后舍余并赋值：a//=b，即 a=a//b	x //= y	x 的值为 1
	%=	求余后赋值：a%=b，即 a=a%b	x %= y	x 的值为 2
	**=	求幂后赋值：a**=b，即 a=a**b	x **= y	x 的值为 125

当表达式中包含多种运算时，将根据运算符的优先级按由高到低的顺序进行运算。如果是同级运算则从左至右。如图 1-14 所示，从上至下为优先级由高到低。

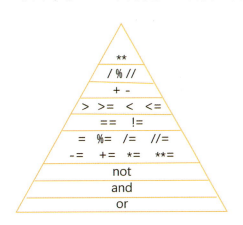

图 1-14 运算符优先级示意图

四、函数

函数是事先组织好、可以重复使用的具有特定功能的代码段，比如求平方根函数、输入输出函数、类型转换函数等。

在数据的处理中，输入输出数据是比较常用的操作。

1. 输入函数

input( ) 函数可以接受用户键盘输入的内容，其一般格式为：

<变量>=input（"提示信息："）

计算机执行此指令时，将等待用户输入，其输入值可存入某一变量中。其中，"提示信息："为字符串，若有多个字符串，则需要用"+"连接。在 Python 3 中，不论用户输入什么类型的数据，

input()函数的返回结果都是字符串，需要将其转换为相应的类型再处理。

【交流】

poet=input("请输入《静夜思》的作者：")

上面这行程序代码中，变量名、提示信息分别是什么？变量值是什么？

你的项目主题中，需要进行数据"输入"吗？你要如何写输入语句？

2. 输出函数

用 print() 函数可以将数据输出到 Python Shell 上进行显示，其一般格式为：

print (object , sep = '', end = '\n')

（1）object 是输出对象，可以是一个或者多个对象（常量、变量、表达式等），对象之间用逗号分隔。

（2）sep 参数不是必需的，它的作用是控制每个输出对象之间的分隔符，如果不设置，默认是一个空格。

（3）end 后面的字符表示本句 print() 函数最后一个输出对象后面要显示的字符串。如果缺省，默认是一个"\n"换行符。如果设为其他字符，则输出当前行所有内容后，在末尾加该符号，不换行，继续等待下一个 print() 的输出对象。

例如，print（1,2,3,sep='#'）的输出结果为"1#2#3"。

3. 数据类型转换函数

有时候，我们需要将一种数据类型转换为其他数据类型，表 1-4 为三种常用的数据类型转换函数。

表 1-4　常用数据类型转换函数

函数名	作　　用	示　　例	结　　果
float()	将括号里的值转换为浮点类型	float(2)	2.0
int()	将括号里的值转换为整数类型（舍小数）	int(3.56)	3
str()	将括号里的值转换为字符串类型	str(3.14)+str(0.5)	'3.140.5'

【实验】

在交互会话模式下输入表 1-5 左列的内容，记录输出，并分析和讨论右列的问题。

表 1-5　交互模式输入输出示例表

输　　入	输　　出	分析问题
x=input("请输入今年的年份：")		input()函数的作用
print(x-1949)		变量 x 的值和数据类型
y=int(input("请输入今年的年份："))		int()的作用是什么

续表

输　入	输　出	分析问题
print(y-1949)		变量 y 的值和数据类型
print(' 今年是新中国成立 ',y-1949,' 年 ')		print( ) 如何显示多项内容

通过本节的学习，小龙初步掌握了编写 Python 程序的一些基础知识。他要编写的诗词测试程序可能暂时还用不到所有的数据类型和函数，但是他已经在思考进行游戏测试时，会有哪些输入和输出，它们应该是什么数据类型，它们是变量还是常量，要对它们做什么样的分析和处理。

● 项目实施

请根据小组选定的项目方案，结合本节所学知识，分析项目中所要用到的数据类型，并进行数据的输入、输出测试，进一步讨论完善该项目方案中的各项探究活动，并进行探究实践。

第 3 节　顺序结构程序设计

● 小龙的想法

小龙发现编写程序就像导演拍戏一样，导演给出一个指令，演员就按照指令进行表演。通过前面的探究，他感觉不同类型的数据就像不同的演员，每个表达式就像一幕幕场景，函数就像一个个动作指令。你方唱罢我登场，按顺序执行的程序最简单。他决定就用输入和输出语句来"玩"诗词游戏。

程序结构包括顺序结构、选择结构、循环结构三种，本节开始学习 Python 的顺序结构程序设计。

一、Python 的顺序结构

顺序结构是最简单的程序结构，由若干个依次执行的处理步骤组成。如图 1-15 所示，语句 A 和语句 B 是依次执行的，只有在执行完语句 A 后，才能接着执行语句 B。

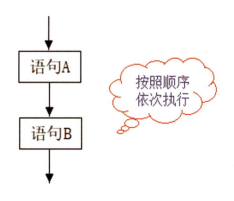

图 1-15　程序的顺序结构

二、顺序结构的应用

在 Python 的顺序程序设计中，最典型的应用就是包含输入、赋值和输出指令的程序。

★程序 1-4

```
poet=input("请出题——输入一位诗人的名字：")
poem=input("请回答——输入这位诗人的一首代表诗作：")
print(poet,'的代表作：',poem)
```

程序 1-4 的目标是输入一位诗人的名字，然后再输入该诗人的代表作，最后输出显示。

★程序 1-5 根据半径计算圆的面积

```
r=float(input("请输入圆的半径："))     #float 浮点数
s=3.1415926535*r**2                    # 将圆周率 Pi 约记为 3.1415926535
print("圆的面积 =",s)
```

程序 1-5 的目标是输入圆的半径，计算并显示圆的面积。

思路分析如下。

（1）用户输入圆的半径，并存入半径变量 r 中。

（2）用圆面积公式计算圆的面积。（注意"**"运算符的作用）

（3）将圆的面积输出到屏幕。

【实验】

程序 1-5 中，用了转换函数 float( )，如果不用这个转换函数，程序能计算出正确的结果吗？请进行尝试并观察结果。

程序 1-5 中 "#" 的作用是表示注释，注释的作用是解释语句或程序功能，仅供阅读，不参与运行。

Python 中的注释分为单行注释和多行注释，如图 1-16 所示。

图 1-16 注释使用示例

单行注释用"#"开头，后面加一行注释内容，"#"后面的注释是不会被运行的。
多行注释用一对"三引号"表示，其中可以包含多行字符串，它们同样不会运行。

★程序 1-6 变量值交换

```
a=input("请输入数字1：")
b=input("请输入数字2：")
print("交换前：",a,b)
c=a
a=b
b=c
print("交换后：",a,b)
```

程序 1-6 的目标是输入两个数，然后交换它们，再输出交换后的结果。

思路分析如下。

让用户分别输入两个数，并存入 a、b 两个变量中；引入第三个变量 c 来交换两个数；显示交换前、后的数字。

【分析】

程序 1-6 的变量 a,b,c 是什么数据类型？如果要让 a,b 进行数学的加减运算，程序 1-6 可以实现吗？

【阅读】

（1）读取用户输入的两个数，在 Python 中可优雅地表示为：

a,b=input("请输入数字1："),input("请输入数字2：")

（2）a、b 数据的交换，也可优雅地表示为：

a,b=b,a

【实践】

（1）编写计算梯形面积的 Python 程序，并测试运行。
（2）按顺序输出清朝的所有皇帝名称。
（3）按顺序输出一首歌的歌词。

通过本节的学习，小龙感觉写顺序结构的 Python 程序很简单，他"清点"了一下自己的技能：输入、输出、表达式和赋值等。用这些技能他可以实现让诗词按程序语句的要求输入或者输出。按顺序，一切都那么自然。

● 项目实施

请根据小组选定的项目方案，结合本节所学知识，利用顺序结构进行方案的设计和实现，进一步讨论完善该项目方案中的各项探究活动，并进行探究实践。

第4节 选择结构程序设计

● 小龙的想法

小龙发现，编程很像人生，经常要面临各种各样的抉择，不同的选择会导致不同的结果。比如他的项目主题，既然是测试游戏，那肯定要判断结果的对错，答对要如何，答错要如何，都要事先考虑到。于是，他开始探究如何用 Python 进行选择结构的程序设计。

实际情况中，经常会遇到一些需要进行判断选择的问题，对这些问题的程序设计，必须根据条件是否成立而选择不同的流向。

Python 条件语句就是通过一条或多条语句的执行结果（True 或者 False）来决定执行的代码块。

一、Python 的选择结构

如图 1-17 所示，程序根据给定的条件 P 是否成立而选择执行不同的操作，如果条件 P 成立，那么执行语句 A，否则执行语句 B。

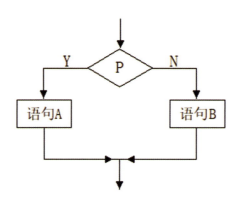

图 1-17　选择结构流程

这种先根据条件做出判断，再决定执行哪一种操作的程序结构称为选择结构，也称分支结构。

二、条件语句格式

在 Python 编程中，if 语句用于控制程序的执行，基本格式为：

```
if 判断条件：
    执行语句组
else:
执行语句组
```

其中，"判断条件"成立时（非零或非空），则执行冒号后面的语句。如果执行内容有多行，则要换行并以缩进来区分，以表示属于 if 的同一范围。

else 为可选语句，冒号后为条件不成立时应执行的语句，同样，多行情形应换行并缩进。

在 Python 中，任何非零和非空的值为 True，零或者 None 为 False。

在顺序结构的程序设计中，基本上不存在缩进问题，但在条件语句的使用中，必须严格遵循缩进规则，一般缩进 4 个字符（也可设置为缩进 2 个字符，但同一程序中必须遵循同一缩进规则，建议用 Tab 键控制缩进）。

★程序 1-7 诗词答题测试

```
poet=input("《登金陵凤凰台》的作者是：")
if poet=='李白'：
    print('祝贺你，答对了！')
else:
    print('很遗憾，答错了！')
```

程序 1-7 的目的是编程测试用户对古诗作者的掌握情况。

思路分析如下。

（1）显示题目，可以利用 input( ) 函数的提示字符来实现，并接收用户输入，将字符串赋值给 poet 变量。

（2）将变量值和正确答案进行比对，根据不同的情况做出不同的输出反馈。

【实践】

自选几首古诗词，参考程序 1-7 编写判断其作者或朝代的程序。

三、条件语句嵌套

Python 对于多个条件的判断情形，可以用 elif 来嵌套，实现类似于其他编程语言中 switch 语句的功能。Python 条件语句的嵌套可表示为：

```
if 条件1：
语句组 A
elif 条件2：
    语句组 B
elif 条件3：
    语句组 C
…
else:
语句
```

★程序 1-8 填空题型的诗词测试题

```
print('''《闻官军收河南河北》
    [唐].(1).
    （2）外忽传收（3）北，    初闻涕泪满衣裳。
    却看妻子愁何在，          （4）卷诗书喜欲狂。
    白日放歌须（5）酒，       （6）作伴好还乡。
    （7）从（8）穿（9），便下（10）向洛阳。''')
score=0
```

```
if input('1:')=='杜甫':
    score=score+1
if input('2:')=='剑':
    score=score+1
if input('3:')=='蓟':
    score=score+1
if input('4:')=='漫':
    score=score+1
if input('5:')=='纵':
    score=score+1
if input('6:')=='青春':
    score=score+1
if input('7:')=='即':
    score=score+1
if input('8:')=='巴峡':
    score=score+1
if input('9:')=='巫峡':
    score=score+1
if input('10:')=='襄阳':
    score=score+1
if score >= 9:
    grade = "A"
elif score >= 8:
    grade = "B"
elif score >= 7:
    grade = "C"
elif score >= 6:
    grade = "D"
else:
grade = "不合格"
print('你的测试等级是',grade)
```

程序1-8想用编程实现填空题型的测试，给出一首诗，上面有一些空白，填对一空得1分；根据成绩，输出相应等级。如9分以上为A，8分以上为B，7分以上为C，6分以上为D，否则为不及格。

思路分析如下。

（1）先输出题目提示。

（2）进行填空题回答，每填一空就判断，答对成绩+1，用变量score来记录答对数。

（3）填完10空后对分数进行等级判断，若大于等于9则为A等，否则判断是否为其他等级。

生活中根据不同的判断结果，做出不同反馈的例子比比皆是。体验过知识测试程序后，再来体验一下编程测试身体质量指数吧。身体质量指数（BMI，Body Mass Index）是国际上常用的衡量人体肥胖程度和是否健康的重要标准，主要用于统计分析。肥胖程度的判断不能只看体重的绝对值，还要考虑身高。因此，BMI 通过人体体重和身高两个数值获得相对客观的参数，并用这个参数所处范围衡量身体质量，如图 1-18 所示。这个问题就可以利用 Python 编程来解决。

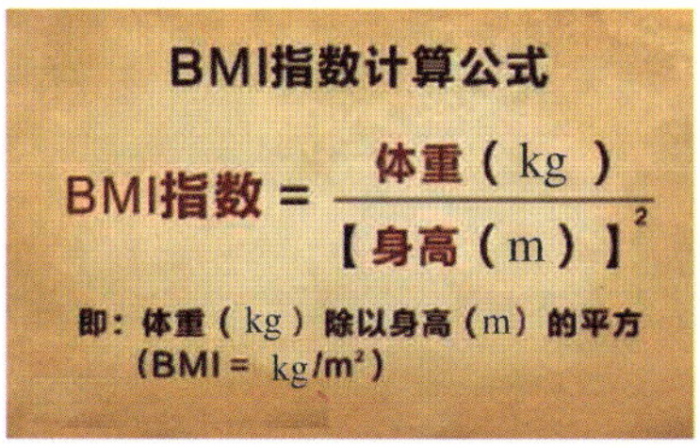

BMI 中国标准（最理想的体重指数22）

分类	BMI 范围
偏瘦	<= 18.4
正常	18.5 ~ 23.9
过重	24.0 ~ 27.9
肥胖	>= 28.0

图 1-18　身体质量指数中国标准

★程序 1-9 身体质量指数计算

```
h,w=eval(input("请输入身高(m)和体重(kg)，并用逗号隔开："))
bmi=w/(h*h)
if bmi<=18.4:s="偏瘦"
elif bmi<=23.9:s="正常"
elif bmi<=27.9:s="过重"
else:s="肥胖"
print("你的BMI数值为：",bmi)
print("你的身体状况：",s)
```

思路分析如下。

（1）用户输入身高与体重。

（2）计算 BMI 指数。

（3）根据 BMI 指数判断身体质量等级 s。

（4）输出 BMI 指数及身体质量等级。

【实践】

观察生活，寻找一些涉及选择的实际问题，比如酒精测试浓度到达多少属于酒驾，或气温达到多少摄氏度时发布相应等级的高温、低温预警等，并编写程序进行解决。

不同的选择会带来不同的人生走向，但是编写选择结构程序的小龙感觉自己分析问题的能力变强了，思考问题更加全面了。在此过程中，他还解锁了如程序 1-8 之类的各种进行答案判断的程序设计技能，从此可以开发一系列如古诗作者、诗词接龙等各种知识问答的程序了。

● 项目实施

请根据小组自选主题的项目方案，结合本节所学知识，将选择结构程序设计应用到项目中，进一步讨论完善该项目方案中的各项探究活动，并进行探究实践。

第 5 节 循环结构程序设计

● 小龙的想法

小龙不仅热爱诗词和编程，还经常思考人生。他又从编程中总结出一条人生哲理：人生的路，大多数时候是一步一步往前走，有时候会遇到岔路口，但是也可能在同一条路上来来回回地走。生活中有很多事情、很多操作是重复的、循环的。比如他想做的诗词测试游戏，测试一道题判断对错，答对加分，那测试十道题不就是在重复"答案比对，答对加分"这两个操作吗？于是他开始探究 Python 的循环结构程序设计。

在很多问题的处理中，都要做一些简单重复的工作，比如画五角星，就是对"前进 200 左转 72 度前进 200 右转 144 度"的五次重复，而求 1～100 的连加就是对"前数＋后数"累计重复 99 次。计算机的优势就在于能够将简单、重复的工作进行快速处理，因此，程序的结构自然少不了循环结构。

一、循环结构

需要重复执行同一操作的结构称为循环结构，即从某处开始，按照一定条件反复执行某一处理步骤。这种反复执行的处理步骤称为循环体，如图 1-19 所示。

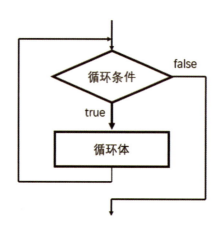

图 1-19　循环结构流程

二、循环语句

循环语句允许我们执行一个语句或语句组多次。利用循环语句可以让计算机做一些简单、重复的工作。

Python 提供了 for 循环和 while 循环两种语句。

1. for 循环

for 循环可以遍历任何序列的项目，如一个列表或者一个字符串。语法格式为：

```
for 循环变量 in 列表：
    语句或语句组
```

★程序 1-10 用 for 循环访问字符

```
poem='夜宿山寺'
for p in poem:
    print('当前字符：', p)
```

程序 1-10 用 for 循环实现依次访问字符串，因为字符串也是一种特殊的列表，每个字符就是它的列表元素。用临时变量 p 从 poem 这个字符串的第一个字符开始访问，每次后移一个，一直到最后一个字符。

★程序 1-11 用 for 循环访问列表

```
poem=['危楼高百尺','手可摘星辰','不敢高声语','恐惊天上人']
for p in poem:
    print(p)
```

程序 1-11 用 for 循环实现依次访问列表 poem，这里有 4 个元素，都是字符串常量，所以列表 poem 中的 4 个字符串常量被赋值给变量 p。循环体语句的作用是显示 p 的值，所以每当 p 被赋予一个列表项的值，就显示一次。并且，print() 函数默认是换行的，程序执行结果如图 1-20 所示。

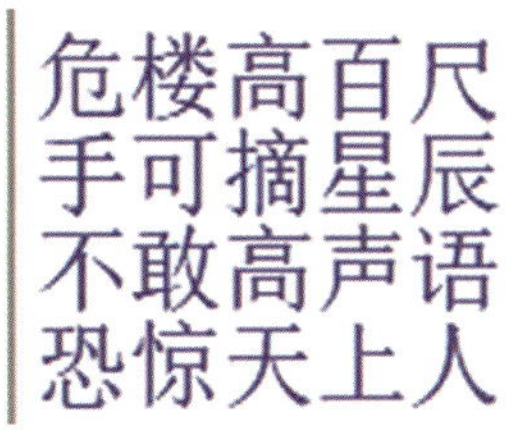

危楼高百尺
手可摘星辰
不敢高声语
恐惊天上人

图 1-20 循环程序输出结果

使用 for 循环和列表就可以将程序 1-8 简化为程序 1-12。

★程序 1-12 用列表实现多个答案比对

```
print('''《闻官军收河南河北》
    [唐].(1).
    （2）外忽传收（3）北，    初闻涕泪满衣裳。
    却看妻子愁何在，         （4）卷诗书喜欲狂。
    白日放歌须（5）酒，       （6）作伴好还乡。
    （7）从（8）穿（9），便下（10）向洛阳。''')
score=0
t=['杜甫','剑','蓟','漫','纵','青春','即','巴峡','巫峡','襄阳']
for i in range(1,11):
    if input(str(i)+':')==t[i-1]:
        score=score+1
```

```
if score >= 9:
    grade = "A"
elif score >= 8:
    grade = "B"
elif score >= 7:
    grade = "C"
elif score >= 6:
    grade = "D"
else:grade = " 不合格 "
print（'你的测试等级是 ',grade）
```

程序 1-12 的基本思路分析如下。

将正确答案放到列表变量 t[] 中，所以从 t[0] ～ t[9] 分别对应第 1 空到第 10 空的答案；未答题前变量 score 的值为 0；用 range（1,11）语句产生自然数序列 [1,2,3,4,5,6,7,8,9,10]，i 变量从 1 ～ 10，共循环 10 次；每次循环用户输入答案，并和 t 列表的答案进行比对。因为列表序列号从 0 开始，所以如果判断条件"input（str（i）+':'）==t[i-1]"成立（即值为 True），那么 score 值增加 1，否则不变。当 10 次循环结束时，再根据最终的 score 值进行相应的等级判断，最后输出等级。

程序 1-12 中使用了 range( ) 函数，这个函数经常搭配 for 循环使用。它可以产生一个自然数的序列，它的基本格式如下。

函数格式：range（start,stop[,step]）

参数说明：

start，计数从 start 开始，默认从 0 开始，如 range（5），即 [0,1,2,3,4]。

stop，计数到 stop 结束，但不包括 stop，如 range（1,5），即 [1,2,3,4]。

step，步长，默认为 1，可缺省，如 range（5,1,-2），即 [5,3]。

【实践】

现实生活中的很多问题可以用 for 循环来解决，请从下列问题中选择 1 ～ 2 个进行编程解决：

（1）公共绿化时每隔 10 米种一棵树，10000 米共需种多少棵树？

（2）有 100 份选择题答题卡等待批阅，你能编写一个改卷程序吗？

（3）你有一个储蓄存折，每个月 1 号往里面存 500 元，银行同日按 3% 的年利率结息。从本月的 1 号开始到你上大学那年的 9 月 1 日，你的存折里将有多少钱？

2. while 循环

while 循环语句常用于不确定范围的重复试探情形。其基本格式为：

while 判断条件：
　　执行语句组

执行语句可以是单个语句或某个语句块。判断条件可以是任何表达式，任何非零或非空（None）的值均为 True。

当判断条件为假（False）时，循环结束。

★程序 1-13 飞花令游戏

```
word=input("请令官出一个汉字做令字：")
print("本轮游戏令字为——",word)
num=1    # 用来控制循环的结束
p=1      # 用来记录令字的位置
while num<=7:
    poem=input("第"+str(num)+"令：")
    if poem[p-1]==word:
        p=p+1
        num=num+1
print("祝贺大家胜利完成本次飞花令")
```

程序 1-13 的目的是用程序的方式实现飞花令游戏。

思路分析如下。

（1）宣读"令字"（即比对用的答案）。

（2）判断是否已经接完七句，如果接完，游戏结束，如果没有，将新的输入与令字进行比对（利用字符串变量的特点，可以判断某个索引号位置的字符）。

（3）结束游戏时给出提示。

注意：飞花令玩家游戏规则是，游戏开始前大家推选一位"令官"，令官负责宣读游戏规则、抽签出题并组织游戏。游戏开始后，令官在令盒中抽取一枚令牌（令牌库），宣布令牌正面的"行令字"，读出行令字位于第一字的诗句。行令官选出一人开始游戏，该玩家接着说出一句诗词，行令字需在第二字，答对了指定下个人，下个人从第三字接起；当顺利接完七字后本轮游戏结束。

【思考】

运行程序 1-13，发现问题，调试修改，并思考，如果要解决诗句字数不符合要求的问题应如何修改程序？

3. 循环控制语句

循环控制语句可以更改语句执行的顺序。

（1）break 语句。

break 语句用于终止循环，跳出当前循环体。

（2）continue 语句。

continue 语句用来告诉 Python 跳过当前循环块中的剩余语句，然后继续进行下一轮循环。

★程序 1-14 字符过滤程序

```
for letter in 'zsshqzxbacab':
    if letter == 'b':  # 字母为 b 时跳过输出
        continue
    print (letter,end='')
```

【实践】

运行程序 1-14，观察其输出结果，理解 continue 的用法。

注意：
（1）无限循环或死循环，可以使用 Ctrl+C 组合键来中断。
（2）循环语句内部也要注意使用缩进。

4. 循环嵌套

循环嵌套是指一个循环内部又包含其他循环。下面是两个循环嵌套的实例。

★程序 1-15 不规定令字位置的飞花令游戏程序

```python
#输入字符，做令字，将输入的字符赋值给 word 变量
word=input("请令官出一个汉字做令字：")
print("本轮游戏令字为——",word)
num=1        #num 变量用来控制循环次数
PM=[]        #PM[]列表用来记录符合条件的接令，最初为空
while num<=7:        # 当 num 还未超过 7 时执行循环
    poem=input("第"+str(num)+"令：")
    if len(poem)<5:        #用 len() 函数可以计算 poem 变量的字符串长度
        print("字数不符合诗句要求，请重新接令：")
        continue
    findw=0                #findw 初始化为 0，当找到令字时赋值为 1
    for pw in poem:        # 依次读取 poem 里的字符，用变量 pw 记录
        if pw==word:       # 将 pw 和令字进行比对
            findw=1
            break
    if findw==0:
        print("不包含令字，请重新接令：")
        continue
#用 findp 变量记录是否在 PM[] 列表中找到了和新输入的 poem 句子相等的字符串
    elif findw==1:
        findp=0
        for p in PM:
            if p==poem:
                findp=1
                break
        if findp==1:
            print("诗句重复，请重新接令：")
            continue
        elif findp==0:
            PM.append(poem)
            num=num+1
print("祝贺大家胜利完成本次飞花令")
```

程序 1-15 的目的是不检测令字的位置，但是实现另外三个方面的检查：检测诗句字数是否超过 5；检测诗句是否包含令字；检测诗句是否重复。程序的运行结果如图 1-21 所示。

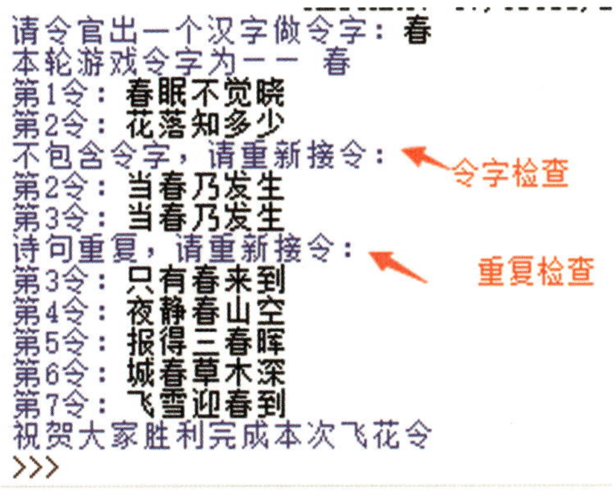

图 1-21　飞花令游戏运行结果

【实践】

运行程序 1-15，观察其输出，发现并完善其他功能。

★程序 1-16　查找 1000 以内的素数

```
# 素数是只能被 1 和它本身整除的正整数
result = [1]
ss = list(range(3, 1000))
# 内建函数 range() 返回一个列表，含第一个数但不含最后一个数
base = 2                        # base 变量是用来找倍数的基数，先找出所有 2 的倍数
x = base
while ss:                       # 列表可当作逻辑变量使用，若非空则为 True，否则为 False
    while x < 1000:
        if x in ss:
            ss.remove(x)        # 移除方法
        x = x+base              # 第一次外循环可以找出所有 2 的倍数，并从列表 ss 中移除
    result.append(base)         # 追加素数到列表 result 中
    base = ss[0]
    x = base
    del ss[0]                   # 删除 candidates 中的第一个数
    result.append(base)         # 已经用来找过倍数的基数 base 追加到 result 列表中
result1=set(result)             # result 是个基数的列表，会有重复
a=list(result1)
print("1000 以内的素数:\n",sorted(a))   # 输出整个列表，本程序没有去除 1
```

寻找素数有多种算法，程序 1-16 的思路是先生成一个 3～999 范围的整数列表 ss，然后从基数 2 开始，将所有 2 的倍数从列表中移除；继续用列表的第一项做基数，将它所有 1000 范围内的倍数从列表中移除，重复这个查找，直到列表 ss 中没有元素。

在程序 1-16 中，出现了 List（列表）、Set（集合）等多种数据类型，使用了 remove()、

append( )、del 等列表操作方法，应用了 list( )、set( ) 等类型转换函数，程序较复杂。同学们可以尝试阅读并理解程序，运行并查看结果。

【实践】

（1）编写程序，找出所有的水仙花数和玫瑰花数。

水仙花数是指一个 3 位数，它的每个位上的数字的 3 次幂之和等于它本身，例如：$1^3 + 5^3 + 3^3 = 153$。

玫瑰花数是指一个 4 位数，它的每个位上的数字的 4 次幂之和等于它本身，例如：$1^4 + 6^4 + 3^4 + 4^4 = 1634$。

（2）编写猜数程序（计算机随机给出一个指定范围内的数让用户猜，用户有 5 次机会，如果猜大了就提示"高了"，如果猜小了就提示"低了"，如果猜中就输出"祝贺你，猜中了"，如果 5 次还未猜中就输出"你一直未猜中我的秘密数"）。

（3）用其他方法实现查找所有 1000 以内的素数。

通过本节的探究学习，小龙感觉自己达到了人生的巅峰。他觉得循环结构太强大了，但也有一定难度。不过他并不畏惧，总结出了一些经验：当循环可以明确重复次数或者可以进行遍历时，可以优先使用 for 循环；当循环需要根据某些条件进行判断时，可选择 while 循环。同时要学会从问题的描述中，发现哪些是重复做的事情，哪些是重复的条件，并尝试用循环结构程序来解决这些问题。掌握了循环结构，就可以实现一些更复杂的想法了，比如飞花令测试游戏。

● 项目实施

请根据小组自选主题的项目方案，结合本节所学知识，将循环结构程序设计应用到项目中，进一步讨论完善该项目方案中的各项探究活动，并进行探究实践。

第 6 节　Python 的文件操作

● 小龙的想法

小龙实现了他的飞花令游戏程序，从中找到了编程进行诗词（或者其他知识）测试游戏的诀窍。这个过程让他觉得非常愉悦——有任何的想法，可以马上"指挥"Python 去帮助实现，甚至可以把"诗词大会"整个"搬"到 Python 环境中，创造出一套虚拟的"诗词大会"游戏。但是略有遗憾的是，在玩这些测试游戏时，许多数据没有得到很好的保留，比如当 Python 关闭时，同学们接飞花令的诗句就没有了。怎么把这些数据记录并保存到文件中，以便日后回顾呢？

在交互程序设计中，有些数据可能需要记录、保存下来。如何记录、保存数据呢？这就需要学习 Python 的文件操作。

Python 的文件操作包括读取、写入等，这里以文本文件举例说明。

一、打开文件函数

进行读写操作都需要用到打开文件的函数：

open(filename [, mode [, bufsize]])

1. 功能

打开一个文件。

2. 参数说明

（1）filename：文件名称。

（2）mode：三种常用的模式：r（读）、w（写）、a（追加），所有模式如表1-6所示。

（3）bufsize：如果为0，表示不进行缓冲；如果为1，表示进行缓冲；如果是一个大于1的数，表示缓冲区的大小，如果取负值，寄存区的缓冲大小为系统默认。

表 1-6 打开文件的所有模式

模式	描述
r	以只读方式打开文件。文件的指针将会放在文件的开头。这是默认模式
rb	以二进制格式打开一个文件用于只读。文件指针将会放在文件的开头。这是默认模式
r+	打开一个文件用于读写。文件指针将会放在文件的开头
rb+	以二进制格式打开一个文件用于读写。文件指针将会放在文件的开头
w	打开一个文件只用于写入。如果该文件已存在则打开文件，并从头开始编辑，即原有内容会被删除。如果该文件不存在，则创建新文件
wb	以二进制格式打开一个文件只用于写入。如果该文件已存在则打开文件，并从头开始编辑，即原有内容会被删除。如果该文件不存在，则创建新文件
w+	打开一个文件用于读写。如果该文件已存在则打开文件，并从头开始编辑，即原有内容会被删除。如果该文件不存在，则创建新文件
wb+	以二进制格式打开一个文件用于读写。如果该文件已存在则打开文件，并从头开始编辑，即原有内容会被删除。如果该文件不存在，则创建新文件
a	打开一个文件用于追加。如果该文件已存在，文件指针将会放在文件的结尾。也就是说，新的内容将会被写入已有内容之后。如果该文件不存在，创建新文件进行写入
ab	以二进制格式打开一个文件用于追加。如果该文件已存在，文件指针将会放在文件的结尾。也就是说，新的内容将会被写入已有内容之后。如果该文件不存在，则创建新文件进行写入
a+	打开一个文件用于读写。如果该文件已存在，文件指针将会放在文件的结尾。文件打开时会是追加模式。如果该文件不存在，则创建新文件用于读写
ab+	以二进制格式打开一个文件用于追加。如果该文件已存在，文件指针将会放在文件的结尾。如果该文件不存在，则创建新文件用于读写

二、读取数据

从文件中读取数据包括读取文件全部内容、读取 1 行、读取 1 个或几个字符等情况。

1. 读取文件全部内容

```
file_T = open（'test.txt'）    #打开文件
f = file_T.read( )             #读取数据
file_T.close( )                #关闭文件
print（f）
```

以上语句将读取整个文件并显示其中的数据。

2. 读取文件中的 1 行

```
file_T = open（'test.txt'）
f = file_T.readline( )  #默认读取第 1 行，后续依次读取第 2 行……
file_T.close( )
print（f）
```

Python 在读取一个文件时，会记住所在文件中的读取位置。如果要重新从头读起，则需关闭文件重新打开，或使用 seek( ) 函数定位，如 file_T.seek（4）是将读取点定位在第 5 个字符。

3. 读取文件的 1 个字节

```
file_T = open（'test.txt'）
f = file_T.read（1）  #默认读取第 1 个，后续依次读取第 2 个……
file_T.close( )
print（f）
```

三、写入数据

向文件中写入数据包括覆盖写入和追加写入两种方式。

1. 覆盖写入

使用"w"参数打开文件后，执行写入命令时，会先将原来的所有内容删除，再写入新内容。

```
file_T = open（'test.txt', 'w'）
file_T.write（'This is a test.\nReally, it is.'）
#写入第 1 行"This is a test."和第 2 行"Really, it is."
file_T.close( )
```

2. 追加写入

使用"a"参数打开文件后，执行写入命令时，会在原文件内容的后面追加新的内容。

```
file_T = open（'test.txt', 'a'）
```

```
file_T.write（'好好学习，天天向上。'）        # 在原文件中追加 1 行
file_T.close()
```

【实践】

尝试进行文件的增加、删除、修改等各种操作，熟悉 Python 文件操作函数。

小龙发现很多同学在玩飞花令时不能顺利地接续诗词，于是想制作一个飞花令的提示程序，他把唐诗三百首保存到文本文件 poem.txt 中，然后编写一个程序，可以根据令官出的令字，自动地从 poem.txt 中找到符合要求的诗句，凑齐 7 句，写入 1.txt 文本文件中。如图 1-22 所示，令字为"不"，1.txt 中的诗句是程序自动写入的。

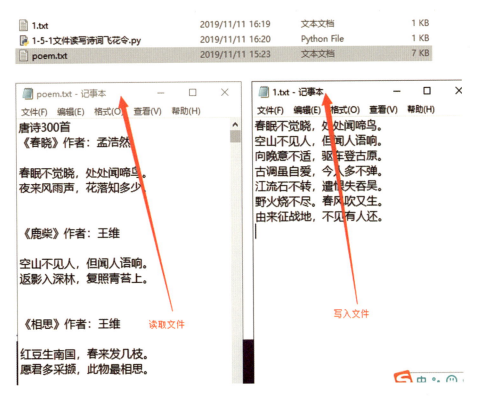

图 1-22　飞花令游戏程序运行结果

★程序 1-17　飞花令提示器

```
word=input（"请令官出一个汉字做令字："）
p=0      # 用来记录令字的位置
file_T = open（'poem.txt','r'）      # 同目录下的 poem.txt 文件，用于读取
file_F = open（'1.txt','w'）         # 同目录下的 1.txt 文件，用于写入
listf=file_T.readlines（）           # 按行读取
for i in listf:
    if p>6:
        break
    if '《'in i:                    # 用于过滤 poem.txt 文件中的古诗题目
        continue
    if '（'in i:
```

```
            continue
        if word in i:
            print(i)
            p=p+1
            file_F.write(i)
file_T.close( )
file_F.close( )
```

小龙在用 Python 编写诗词测试游戏的过程中，不仅提高了自身的诗词素养，还提升了服务意识，不仅让同学们玩诗词的"通关游戏"，还提供"提示器"。他觉得自己通过编程与诗词的结合，实现了"古"与"今"的对话与碰撞。不过，他也知道很多同学有自己更感兴趣的主题，他只想鼓励大家：同学们，想到就做，去勇敢地探索，去大胆地尝试，编程不是枯燥的学习，是把想法变成现实的好玩的工具。

项目实施

请根据小组自选主题的项目方案，结合本节所学知识，将文件操作应用到项目中，进一步讨论完善该项目方案中的各项探究活动，并进行探究实践。同时参照项目范例的样式，撰写相应的项目成果报告。

成果交流

各小组运用数字可视化工具，将所完成的项目成果，在小组和全班中，或在网络上进行展示与交流。

活动评价

各小组根据项目选题、拟定的项目方案、实施情况以及所形成的项目成果，根据本书附录的"项目活动评价表"，开展项目学习活动评价。

本章扼要回顾

通过本章的学习,根据"Python语言基础"的知识结构图,扼要回顾,总结、归纳学过的内容,建立自己的知识结构体系。

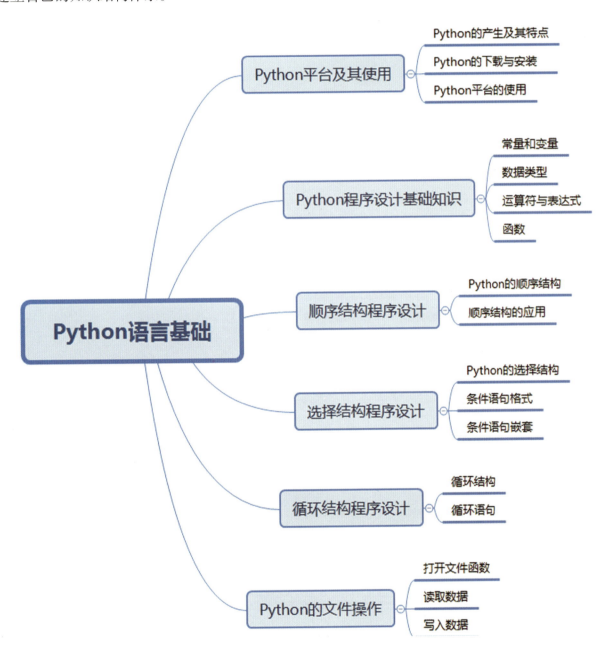

回顾与总结

第 2 章

Python 图画编程

　　Python 自带了一个海龟画图模块 turtle，并附带了许多有趣的图画实例。利用海龟画图模块，可以绘制各种各样富有创意的图形、图像。

　　本章将通过"绘制中国传统文化元素"项目，进行自主、协作、探究式学习，让同学们理解自定义函数、模块、递归等概念，学会利用海龟画图模块，综合运用 Python 知识，编写实用的图形、图像程序，从而将知识建构、技能培养与思维发展融入运用数字化工具解决问题和完成任务的过程中，促进计算思维的发展，完成项目学习目标。

◎ 海龟画图初步
◎ Python 函数
◎ Python 模块及其应用
◎ 递归及其应用

项目范例：绘制中国传统文化元素

● 情境

高中生小龙喜欢旅游，他特别喜欢我国各地的民族文化产品以及特色建筑。在多次的旅游经历中，他发现我国有很多独特的文化元素，而且这些文化元素可以在服装、生活用品、工艺品、建筑等方面得到体现。已经对 Python 略有涉猎的小龙又想开始一场"编程＋艺术"的创造性学习，他想把这些传统的文化元素用程序绘制出来，和自己的朋友分享，享受创造美的乐趣。

● 主题

绘制中国传统文化元素——花窗。

● 规划

根据项目范例的主题，在小组中进行讨论，利用思维导图工具，制订项目学习规划，如图 2-1 所示。

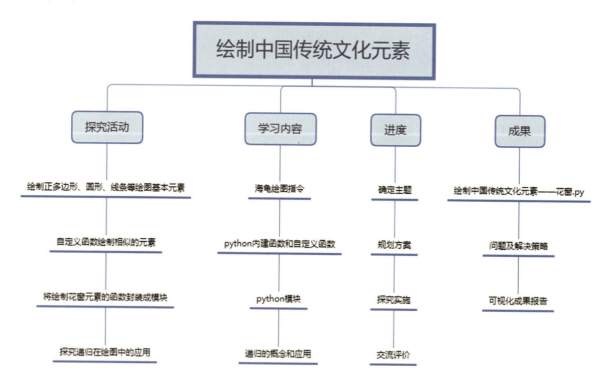

图 2-1　项目范例规划图

● 探究

根据项目学习规划的安排，通过调查、文献阅读或网上搜索资料，开展"绘制中国传统文化元素"项目学习探究活动，如表 2-1 所示。

表 2-1 "绘制中国传统文化元素"项目学习探究活动

探究活动	学习内容	知识技能
海龟画图初步	海龟绘图指令	了解设置窗口、坐标、色彩模式、画笔控制等基本 turtle 绘图指令
	海龟绘图实例——花窗	
Python 函数	Python 内建函数	了解常用的 python 内建函数,掌握自定义函数的语法及应用
	自定义函数	
Python 模块及其使用	模块的概念	了解模块的概念并应用模块设计绘图程序
	模块的使用	
递归及其应用	递归的概念	掌握递归的基本思想及简单应用,了解分形树
	递归的应用	
	分形图形设计	

● 实施

实施项目学习各项探究活动,认识、理解自定义函数、递归等概念知识,了解其应用。

● 成果

在小组开展项目范例学习的过程中,利用思维导图工具梳理小组成员在"头脑风暴"活动中的观点,建立观点结构图。编写程序,绘制中国传统的文化元素——花窗,运用多媒体创作工具(如演示文稿、在线编辑工具等),综合加工和表达,形成项目范例可视化学习成果,并通过各种分享平台发布,如图2-2所示。

图 2-2 "绘制中国传统文化元素——花窗"项目范例可视化报告截图

● 评价

根据本书附录中的"项目活动评价表"对项目范例的学习过程和学习成果，在小组和全班中，或在网络上开展交流，进行自评和互评。

● 项目选题

请同学们以3～6人组成一个小组，选择下面一个参考主题，或者自拟一个感兴趣的主题，开展项目学习：

1. 中国传统文化元素——纸扇的绘制
2. 中国传统文化元素——铜钱的绘制
3. 中国传统文化元素——窗花的绘制

● 项目规划

各小组根据本组的项目选题，参照项目范例的样式，利用思维导图工具，制定相应的项目方案。

● 方案交流

各小组将完成的方案在全班中进行展示交流，师生共同探讨、完善相应的项目方案。

第1节 海龟画图初步

● 小龙的想法

小龙想用Python开展一次编程与艺术融合的活动，首先碰到的难题是如何指挥Python的"画笔"，让它按自己的心意去"作画"。于是他先开始探究海龟绘图的常用指令，学会如何给"小海龟"下指令，让它像在沙滩上一样，"爬"出美妙的图案。

Python自带turtle模块，我们称它为海龟模块或者海龟库。利用Python海龟库，我们可以绘制优美、多变的图形。

就像平时画画一样，海龟绘图的基本准备主要包括设置绘图区域的大小、设置背景颜色、选择画笔的颜色和粗细等，画画的基本动作有移动、前进、后退、旋转，绘制直线和曲线，抬笔、落笔等。下面主要介绍这几个方面的常用指令。

一、海龟绘图指令

编写海龟绘图程序，必须先导入海龟模块turtle，导入模块的语句有多种方式。使用不同的方式导入，在使用海龟绘图指令函数时，其语句的写法也有所不同。以设置窗口的指令为例，三种导入方式对应的使用方法如表2-2所示。

表 2-2 导入海龟模块

导入海龟模块的语句写法	函数指令使用方法
import turtle	turtle.setup() #setup()函数名前一定要加"turtle."
import turtle as t	t.setup() # "t"是给"turtle"起的别名，替代"turtle"
from turtle import *	setup() # 直接写函数名

海龟画图的常用指令如下。

1. 设置绘图窗口和画布

（1） setup（width=0.5, height=0.75, startx=None, starty=None）

参数介绍如下。

- width, height：输入的宽和高为整数时，表示像素；为小数时，表示占据电脑屏幕的比例。
- (startx, starty)：这一坐标表示矩形窗口左上角顶点的位置，如果为空，则窗口位于屏幕中心。

（2） screensize（canvwidth=None, canvheight=None, bg=None）

参数介绍如下。

canvwidth、canvheight、bg：分别为画布的宽（单位像素）、高和背景颜色。

画布位于窗口中间，如果大于窗口，会出现滚动条。

示例：

```
setup()                          # 绘图窗口参数缺省，默认占屏幕的一半
setup(width=0.6, height=0.6)     # 绘图窗口的宽和高分别占屏幕宽和高的60%
setup(800, 600, 100, 100)        #800×600窗口，左上角顶点在（100,100）
screensize()                     # 返回默认大小（400,300）
screensize(800, 600, "green")    #800×600窗口，背景色为绿色
```

2. 移动命令

（1）移到指定位置：goto（x, y）   # 如 goto（0,0）表示到画布的中间

（2）前进一定距离 d：fd（d）或 forward（d）# 如 fd（100）表示沿当前朝向前进 100 像素

（3）后退一定距离 d：bk（d）或 back（d） # 如 bk（100）表示沿当前朝向反方向前进 100 像素

（4）以半径 r 绘制弧形：circle（r, extent=None, steps=None）

circle()的参数介绍如下。

r：半径值，为正数时逆时针画弧，为负数时顺时针画弧。

extent：角度，默认值是 360，即绘制整圆；若为 180 表示绘制半圆弧。

steps：构成圆周的线段数值，比如 30 时，圆周较圆滑，可用来画正多边形。

示例：

```
circle（100）                    # 逆时针绘制一个半径为100的圆
circle（-100,180）               # 顺时针绘制一个半径为100的半圆
circle（100,360,6）              # 逆时针绘制一个外接圆半径为100的正六边形
```

3. 旋转命令

（1）逆时针旋转：seth（angle）或 setheading（angle）。

设置绝对角度方向，从 x 轴正向逆时针旋转 angle 度。

（2）左旋：lt（angle）或 left（angle）。

向左旋转 angle 度。

（3）右旋：rt（angle）或 right（angle）。

向右旋转 angle 度。

示例：

```
seth（90）                    # 朝向为 y 轴正向
lt（90）                      # 若之前朝向 135°，则左转后朝向 225°
rt（90）                      # 若之前朝向 135°，则右转后朝向 45°
```

4. 画笔色彩设置

（1）colormode（mode） #mode 的值为 1.0 时，RGB 为小数值模式；为 255 时，RGB 为整数值模式

（2）color（hbs, tcs）   # 设置画笔颜色 hbs 与填充色 tcs

（3）pencolor（color）   # 专门设置画笔颜色

参数：hbs、tcs 等颜色参数可以用颜色字符串表示，包括 "red"、"orange"、"yellow"、"green"、" blue "、"cyan"、"white"、"black" 等；也可以用十六进制的 RGB 色彩值表示，如 "#FF0000" 就是红色、"#00FF00" 就是绿色。

```
color（"red", "yellow"）        # 设置画笔颜色为红色，填充色为黄色
pencolor（'#FF0000'）           # 设置画笔颜色为红色
```

5. 画笔控制

（1）抬起画笔：pu( ) 或 penup( )   # 画笔抬起，移动时不绘制

（2）落下画笔：pd( ) 或 pendown( )   # 画笔落下，移动时绘制图形

（3）画笔宽度：width（width）或 pensize（width） # 设置画笔的粗细

（4）画笔移速：speed（s） # 设置画笔移动的速度，s 为 [0,10] 之间的整数，speed（0）最快

6. 其他指令

（1）隐藏海龟：hideturtle( )

（2）填充开始：begin_fill( )

（3）填充结束：end_fill( )

（4）显示汉字：write( )

要正确显示汉字，需要配置 IDLE 的缺省字符集为 UTF-8，示例：

```
import turtle
#fonttype 有 normal, bold, italic, underline
turtle.write（"福", align="center", font=（"楷体", 100, "bold"））
```

【实践】

利用上述函数或指令，绘制各种简单图形，增加对各个函数的认识和理解。

【拓展】

turtle 库中的命令有很多，刚开始学习，我们还记不住那么多命令怎么办呢？教大家一个小技巧，如图 2-3 所示，当我们在 Python 中输入代码时，输入海龟库名"turtle."后，适当停顿，Python 会自动列出指令列表或提示。

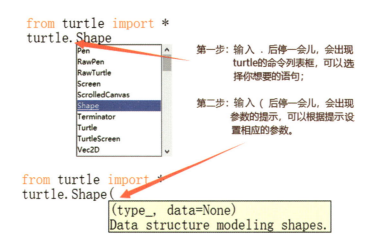

图 2-3　Python 代码提示示意图

二、海龟绘图实例

线条元素可以分为直线和曲线。我们先来探究直线的应用。

在项目范例中，要绘制如图 2-4 所示的花窗图案。该图包含的主要图形元素有直线构成的正八边形、正方形，曲线构成的花朵。下面我们探究如何用直线绘制正八边形。

图 2-4　项目范例图案——花窗

1. 绘制直线

★程序 2-1 已知边长，绘制如图 2-5 所示的正八边形

```
import turtle as t
t.color("red")
t.pu()              # 抬笔
t.goto(0,0)         # 回到原点
r=100               #r 是八边形的边长
t.pd()              # 落笔，开始绘制
for i in range(8):
    t.fd(r)
    t.lt(45)
```

图 2-5 正八边形

【思考】

在程序 2-1 中，直线的绘制主要是通过什么命令语句来实现的？绘制直线时，起笔位置如果不设置，默认会在哪里？绘制方向如何设置？

2. 绘制曲线

1）用 circle( ) 函数绘制圆弧

分析图 2-4 中的小花图案，可以发现其是由四个相同的弧线构成的。使用 Python 海龟绘图时，可以用 circle( ) 函数来绘制曲线。通过设置 circle( ) 函数的三个参数，可以绘制大部分圆弧曲线，如图 2-6 所示。

circle( ) 不仅可以用来画曲线，也可以用来绘制正多边形，如图 2-7 所示。利用 circle( ) 函数这一灵活的特性，可以绘制出各式各样的图案。如图 2-8 所示，即为利用 circle( ) 等函数绘制的常见表情图案。

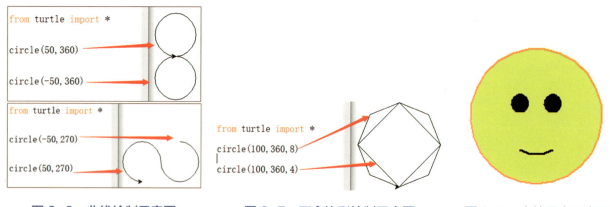

图 2-6 曲线绘制示意图　　图 2-7 正多边形绘制示意图　　图 2-8 表情图案示意图

★程序 2-2 绘制如图 2-8 所示的表情图案

```
import turtle as t        #导入 turtle 库，并起别名为 t
t.color("red")            # 引用 turtle 里的函数，格式为"别名.函数名（参数）"
t.width(2)
```

```
t.hideturtle()          # 隐藏海龟
t.pu()                  # 抬笔
t.goto(100, -100)       # 指向坐标 x=100，y=-100
t.pd()                  # 落笔
t.color("orange","yellow")
t.begin_fill()
t.circle(80)            # 画半径为 80 的圆——头部轮廓
t.end_fill()
t.pu()                  # 抬笔
t.color("black","black")
t.goto(80, -15)         # 指向坐标 x=80，y=-15
t.pd()                  # 落笔
t.begin_fill()
t.circle(10)            # 画半径为 10 的圆——左眼
t.pu()                  # 抬笔
t.goto(120, -15)        # 指向坐标 x=120，y=-15
t.pd()                  # 落笔
t.circle(10)            # 画半径为 10 的圆——右眼
t.pu()                  # 抬笔
t.end_fill()
t.goto(80, -60)         # 指向坐标 x=90，y=-60
t.setheading(-30)
t.pd()                  # 落笔
t.circle(40, 60)        # 画半径为 40 的圆弧——嘴型
t.done()                # 海龟画图结束
```

2）绘制椭圆弧

椭圆和圆的弧线是不一样的，绘制方法也有很多，下面介绍两种。

（1）绘制椭圆方法一——控制前进距离并且每次前进都旋转一定的角度，就可以绘制如图 2-9 所示的椭圆，优点是可以控制旋转方向，缺点是大小不能精准控制。

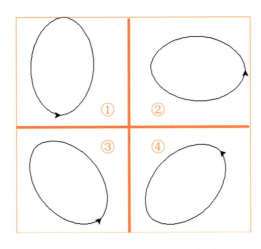

图 2-9　椭圆绘制示意图（1）

★程序 2-3 绘制如图 2-9 所示的椭圆

```
import turtle as t
t.pendown( )
t.setheading(90)            # 角度分别设置为0、90、45、135，画出图2-9中的①②③④椭圆
len = 1                     #len的初始值和递增值决定了椭圆的大小
for k in range(2):          # 外循环两次，分别画上半弧和下半弧
    for j in range(60):
        if j < 30:          # 控制椭圆半弧的前半部分
            len += 0.2      # 前进距离在递增
        else:               # 控制椭圆半弧的后半部分
            len -= 0.2      # 前进距离在递减
        t.forward(len)
        t.left(3)           # 每次旋转3°，60次共旋转180°
t.penup( )
t.done( )
```

（2）绘制椭圆方法二——通过椭圆方程绘制如图 2-10 所示的椭圆，优点是可以准确控制椭圆的大小和曲率。

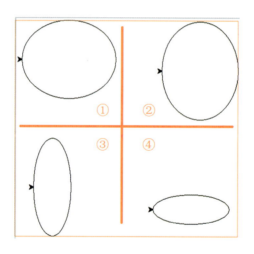

图 2-10　椭圆绘制示意图（2）

★程序 2-4 绘制如图 2-10 所示的椭圆

```
import turtle as t
import math as m
a=80       #a是椭圆X轴上的轴半径
b=30       #b是椭圆Y轴上的轴半径，修改a、b的值可以控制椭圆的大小
t.pu( )
t.goto(-a,0)
t.pd( )
for i in range(-a,a+1):          # 根据椭圆方程，枚举x点坐标
    x=i
```

```
    y=m.sqrt((1-x*x/(a*a))*b*b)   # 根据椭圆方程,计算y点坐标
    t.goto(x,y)
for i in range(a,-a-1,-1):
    x=i
    y=-m.sqrt((1-x*x/(a*a))*b*b)
t.goto(x,y)
```

【阅读】

绘图时经常要设置线条和填充颜色,常用的语句有两个:pencolor("笔触颜色")、color("轮廓颜色"、"填充颜色")。在 Python 中,颜色的设置可以直接用色彩名称,比如"red",也可以用 RGB 色彩值,比如"#FF0000"。

如果觉得自己在配色上有所欠缺,可以搜索"配色 RGB",寻找一些舒服好看的颜色搭配。

如果配色是类似"R:161,G:23,B:21"这样的 RGB 色值,可以搜索"RGB 颜色和十六位颜色互转",将 RGB 色值转换为十六进制的颜色代码,如图 2-11 所示。

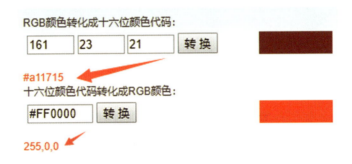

图 2-11 颜色转换程序示意图

通过本节的学习,小龙初步掌握了 Python 海龟绘图的一些常用指令。他分析了一下,自己掌握了设置画布、设置笔的宽度、如何控制画笔走向,了解了怎么画直线段、曲线弧,从理论上来讲,已经可以画万物了!不过,熟悉这些命令还需要多加练习,他决定多观察一些传统的花窗图案,提取其中的元素,利用 Python 海龟绘图来绘制,勤加练习,学以致用。

● 项目实施

请根据小组自选主题的项目方案,结合本节所学知识,将海龟移动、画圆、色彩设置等函数综合运用到项目中,进一步讨论完善该项目方案中的各项探究活动,并进行探究实践。

第 2 节 Python 函数

● 小龙的想法

小龙认为,如果每个线条都要用若干条指令去绘制,那么编程绘图可真累啊!很多图案都有部分相似甚至完全重复,要是能像"刻印章"一样,先"刻"出一份图案,再通过"复制"

的方法直接使用该多好啊！Python 能实现这样的功能吗？小龙继续踏上 Python 学习之旅，探究 Python 自定义函数的使用方法，并学习如何利用自定义函数实现目标。

函数是组织好的、可重复使用的、用来实现单一或相关功能的代码段。函数能提高应用的模块性和代码的重复利用率，增强程序的结构性、可读性。

一、Python 内建函数

Python 提供了许多内建函数，比如 print( )、input( ) 等。Python 的内建函数大致可分为数学运算、集合类操作、逻辑判断、I/O 操作等类。

很多数学函数在 Python 的内建函数中找不到，如三角函数、随机数函数等。若想在 Python 程序中使用这些数学函数，则必须先导入相关的模块。

例如，使用正弦函数，要导入 math 模块。更多三角函数的名称及功能可参考表 2-3。

```
import math                          # 导入数学模块
print(math.sin(math.pi/2))          # 求某一弧度的正弦值，括号中的值为弧度
输出：1.0

import math
print(math.sin(math.radians(90)))
输出：1.0
```

表 2-3 部分三角函数及其功能

函数名	功　　能
acos(x)	返回 x 的反余弦弧度值
asin(x)	返回 x 的反正弦弧度值
atan(x)	返回 x 的反正切弧度值
atan2(y, x)	返回给定的 x 及 y 坐标值的反正切值
cos(x)	返回 x 的弧度的余弦值
hypot(x, y)	返回欧几里得范数 sqrt(x*x + y*y)
sin(x)	返回 x 弧度的正弦值
tan(x)	返回 x 弧度的正切值
degrees(x)	将弧度转换为角度，如 degrees(math.pi/2)，返回 90.0
radians(x)	将角度转换为弧度

例如，使用随机数函数，要导入 random 模块。

```
import random                       # 导入随机数模块
x=random.randint(5, 10)             # 随机生成一个整数，括号中的值为开始值和结束值
```

利用数学函数绘制一些规律性的线条再好不过了。比如 y=sin（x）是一条正弦曲线，试试用它来画波浪线，如图 2-12 所示。

图 2-12　波浪线示意图

★程序 2-5　用三角函数绘制如图 2-12 所示的波浪线

```
import turtle as t
import math as m
t.pencolor("red")
t.pu()
for i in range(-300,301):          # 枚举 x 点坐标
    x=i
    y=20*m.sin(i*m.pi/18)          # 计算 y 点坐标，试试把这句换成 y=m.sin(i)
    t.goto(x,y)
    t.pd()
```

★程序 2-6　绘制如图 2-13 所示的线条图案

```
import turtle as t
import math as m
t.pencolor("red")
t.pu()
for i in range(-10,11):
    for j in range(-100,101,10):   # 枚举 x 点坐标
        x=j
        y=i*j*0.1                  # 计算 y 点坐标，这个方程自己定义
        t.goto(x,y)
        t.pd()
    t.pu()
```

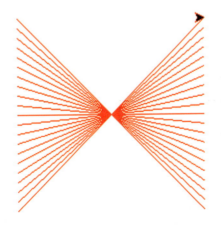

图 2-13　发散线条图案

【交流】

请利用循环等程序结构，结合 turtle 指令以及数学函数，尝试创作一些重复的线条图案，并相互交流图案及绘制方法。

二、自定义函数

使用 Python 编程，跟使用其他语言编程一样，可以编写方便编程者使用的自定义函数。

1. 自定义函数语法

Python 定义函数使用 def 关键字，一般格式如下：

```
def 函数名（参数列表）：
    函数体
```

默认情况下，参数值和参数名称是按函数声明中定义的顺序匹配的。

2. 自定义函数规则

定义一个实现某种功能的函数，需要遵循一些简单的规则。

（1）函数代码块以 def 关键词开头，后接函数标识符名称和圆括号 ()。

（2）传入参数和自变量必须放在圆括号内，多个参数可用逗号隔开。

（3）函数的第一行可以使用存放函数说明的注释语句。

（4）函数内容以冒号开始，并且遵循缩进原则。

（5）函数结束为 return [表达式]，选择性地返回一个值给调用方，若不带表达式则返回 None，相当于一个过程。为此，对于"纯粹"的函数可以使用正常的名称命名，而对于类似过程的函数，可以加上 set 的前缀予以标记。

3. 自定义函数实例

在本章项目范例中，有很多相似、重复的十字图形。如果我们自定义一个绘制十字交叉线的函数，让它可以在不同的位置，按不同的长度绘制相似的十字图形，如图 2-14 所示，要怎么做呢？

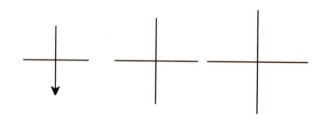

图 2-14 十字交叉线示意图

★程序 2-7 绘制如图 2-14 所示的十字交叉图案

```
import turtle as t
def line4(x,y,r):              # 先定义函数，x、y 是画线起点坐标，r 是线条长度
```

```
    for i in range(4):
        t.pu()
        t.goto(x,y)
        t.setheading(i*90)
        t.pd()
        t.fd(r)
line4(0,0,50)              # 再调用此函数,从(0,0)开始绘制长度为 50 的四条线段
line4(120,0,60)            # 调用函数,从(120,0)开始绘制长度为 60 的四条线段
line4(-120,0,40)           # 调用函数,从(-120,0)开始绘制长度为 40 的四条线段
```

注意:为了便于调用自定义函数,函数参数的设定要考虑调用时会发生变化的变量,将其设定为形参,如"line4(x,y,r)"中的"x,y,r",在调用时一一给相应的形参赋值,比如"line4(120,0,60)",调用后"x、y、r"的值分别为"120、0、60"。

下面再来看一个绘制如图 2-15 所示花朵图案的实例。

图 2-15　花朵图案示意图

★程序 2-8　绘制如图 2-15 所示的花朵图案

```
import turtle as t
def hua4(x,y,a,r):         #x、y 是起笔位置,a 是起笔的朝向,r 是圆半径
    t.color("yellow",'pink')
    t.pu()
    t.goto(x,y)
    t.setheading(a)
    t.pd()
    t.begin_fill()
```

```
    for i in range(4):
        t.circle(r,180)
        t.lt(90)
    t.end_fill()
hua4(0,0,90,-50)              #竖着的花
hua4(200,200,45,-30)
hua4(350,-300,0,40)           #菱形花
```

【讨论】

请编写并运行程序2-7和程序2-8,尝试修改程序,并讨论用自定义函数绘制的图案都是相同的吗?

【实验】

下面有一个自定义函数,请编写完整的程序,调用它并绘制如图2-16所示的图案。也可以修改自定义函数,以画出其他更好看的图案。

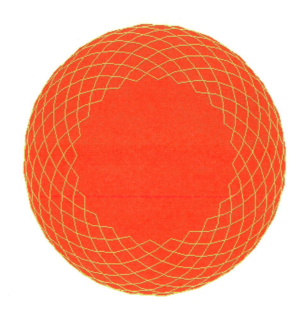

图2-16 球形图案示意图

```
def q(x,y,f,b):
    t.pu()
    t.goto(x,y)
    t.pd()
    t.color(f,b)
    t.begin_fill()
    for i in range(24):
        t.circle(-100,230)
        t.lt(65)
    t.end_fill()
```

若函数中未设置返回参数,或没有返回值,则此函数就是一个执行指令的过程;在程序中,应遵循函数定义在先,调用在后的规则。

图案是由一些基本的图形元素,比如圆弧、直线段组成的。海龟绘图时,可以灵活利用 circle( ) 和 fd( ) 绘图命令并结合自定义函数,绘制出各种自定义的图案。

程序 2-9 是一个自定义的画"扇形"的函数,请分析此程序,并利用它来绘制出一把中国传统折扇,如图 2-17 所示。

图 2-17 传统折扇示意图

★程序 2-9 绘制如图 2-17 所示的折扇

```
import turtle as t
t.speed(0)
t.color("#24211C","#9F7D50")
t.width(2)
t.hideturtle()
#x、y是扇形圆心,a1是扇形中心线朝向,a2是扇形角度,r1是内圆半径,r2是外圆半径
def shan(x,y,a1,a2,r1,r2):
    t.pu()     #画内扇左半边
    t.goto(x,y)
    t.setheading(a1)
    t.fd(r1)
    t.lt(90)
    t.pd()
    t.begin_fill()
    t.circle(r1,a2/2)
    t.pu()     #画内扇右半边
    t.goto(x,y)
    t.setheading(a1)
    t.fd(r1)
    t.rt(90)
    t.pd()
    t.circle(-r1,a2/2)
    t.pu()     #画外扇左半边
```

```
            t.goto(x,y)
            t.setheading(a1)
            t.fd(r2)
            t.lt(90)
            t.pd()
            t.circle(r2,a2/2)
            t.pu()    #画外扇右半边
            t.goto(x,y)
            t.setheading(a1)
            t.fd(r2)
            t.rt(90)
            t.pd()
            t.circle(-r2,a2/2)
            t.pu()    #画扇形左边宽
            t.goto(x,y)
            t.setheading(a1)
            t.lt(a2/2)
            t.fd(r1)
            t.pd()
            t.fd(r2-r1)
            t.pu()    #画扇形右边宽
            t.goto(x,y)
            t.setheading(a1)
            t.rt(a2/2)
            t.fd(r1)
            t.pd()
            t.fd(r2-r1)
            t.end_fill()
#16个扇形组成扇子图案，角度从10°开始，每个扇形夹角为10°
for i in range(1,16):
    shan(0,0,i*10,10,20,150)
#绘制下方的扇把
for i in range(-17,-2):
shan(0,0,i*10,10,0,20)
```

【交流】

请阅读程序，并和同学交流，该程序可以做哪些优化？你们的项目中是否包含类似的图形？如何实现？

如果每画一幅新的图案，画面中的元素都要重新绘制，那么编程绘图的意义将大大降低。分析图形的构造，建立自定义函数，结合不同的调用方式，让同一个自定义函数，可以无限地"创作"图形，才是编程绘图的乐趣所在。

程序2-10和程序2-9相比，其核心都是绘制扇形，但是增加了自定义函数体的语句，修改了调用语句，就可以"改头换面"，绘制出如图2-18所示的图案。

图 2-18　轮环图案示意图

★程序 2-10　绘制如图 2-18 所示的轮环

```
from turtle import *
speed(0)                # 如果速度过快，看不清绘图的顺序，不妨改为 speed(10)，放慢速度
hideturtle()            # 删除此句，可以更清楚地看到绘图指针的朝向和运动轨迹
width(3)
screensize(400,400,'#B2C8BB')
'''自定义函数 T 的形参说明：x、y 是扇形圆心，a1 是扇形中心线朝向，a2 是扇形夹角的角度，
   r 是圆半径，d 是在 r 的基础上，向外或向内进行偏移的距离'''
def T(x,y,a1,a2,r,d):
    r0=r-d              #r-d 得到内圆半径 r0
    r2=r+d              #r+d 得到外圆半径 r2
    pu()                # 画内弧线左半边
    goto(x,y)
    setheading(a1)
    fd(r0)
    lt(90)
    circle(r0,a2/4)
    pd()
    circle(r0,a2/2)
    pu()       # 画内弧线右半边
    goto(x,y)
    setheading(a1)
    fd(r0)
    rt(90)
    circle(-r0,a2/4)
    pd()
    circle(-r0,a2/2)
    pu()                # 画内弧线扇形左边宽
    goto(x,y)
    setheading(a1)
    lt(a2/4)
    fd(r0)
    pd()
```

```
fd(d)
pu()        # 画内弧线扇形右边宽
goto(x,y)
setheading(a1)
rt(a2/4)
fd(r0)
pd()
fd(d)
pu()        # 画内扇左半边
goto(x,y)
setheading(a1)
fd(r)
lt(90)
circle(r,a2/4)
pd()
circle(r,a2/4)
pu()        # 画内扇右半边
goto(x,y)
setheading(a1)
fd(r)
rt(90)
circle(-r,a2/4)
pd()
circle(-r,a2/4)
pu()        # 画外扇左半边
goto(x,y)
setheading(a1)
fd(r2)
lt(90)
pd()
circle(r2,a2/2)
pu()        # 画外扇右半边
goto(x,y)
setheading(a1)
fd(r2)
rt(90)
pd()
circle(-r2,a2/2)
pu()        # 画扇形左边宽
goto(x,y)
setheading(a1)
lt(a2/2)
fd(r)
pd()
fd(d)
pu()        # 画扇形右边宽
goto(x,y)
```

```
        setheading(a1)
        rt(a2/2)
        fd(r)
        pd()
        fd(d)
color("#458994")
x=4         # 下面用 for 循环重复调用自定义函数 T，x 是重复次数
for i in range(x):
    T(0,0,i*(360/x),360/x-8,100,10)
x=6         # 下面用 for 循环重复调用自定义函数 T，x 被重新赋值
for i in range(x):
    T(0,0,i*(360/x),360/x-8,60,10)
```

【思考】

分析程序 2-10 中的函数调用语句，并思考自定义函数的"定义"与"调用"之间的关系。

园林式花窗中经常出现用弧线拼接的四角，在本章项目范例中，可以采用 turtle 的内建函数并结合自定义函数来创作花窗图案，如图 2-19 所示。

图 2-19　花窗图案示意图

★程序 2-11　绘制如图 2-19 所示的花窗

```
from turtle import *
speed(0)
color("#03230E","#A0BF7C")
width(3)
hideturtle()
L=200
#x、y 是花心的起点
#r 是小花半径，a 是起始方向
def fwindow(x,y,r,a):
```

```
        pu( )
        goto(x,y)
        setheading(a)
        fd(r)
        pd( )
        circle(r,135)
        pu( )
        goto(x,y)
        setheading(a)
        fd(r)
        pd( )
        circle(-r,135)
def squ(m):   #绘制边长为2m的方框
        pu( )
        goto(-m,m)
        setheading(0)
        pd( )
        for i in range(4):
            fd(2*m)
            rt(90)
begin_fill( )
squ(L)
end_fill( )
width(5)
pencolor("#03230E")
#调用自定义函数，绘制四角
for i in range(25,76,25):
    fwindow(L,L,i,-135)  #右上角
for i in range(25,76,25):
    fwindow(-L,L,i,-45)  #左上角
for i in range(25,76,25):
    fwindow(-L,-L,i,45)  #左下角
for i in range(25,76,25):
    fwindow(L,-L,i,135)  #右下角
```

当用不同的方式调用自定义函数时，就能绘制出不同的图案。如果把上面程序中的调用语句换成下面的语句代码，将绘制出如图2-20所示的花窗图案。

```
for i in range(-135,136,90):    #i控制四个角花朵的朝向
    for j in range(1,4):
        fwindow(L,L,25*j,i)
    for j in range(1,4):
        fwindow(-L,L,25*j,i)
    for j in range(1,4):
        fwindow(-L,-L,25*j,i)
    for j in range(1,4):
        fwindow(L,-L,25*j,i)
```

图 2-20 花窗图案示意图

【实践】

尝试在 Python 平台上，编写一个画正方形的函数，然后通过函数调用，编写一个由用户自行确定正方形大小和位置的画图程序。

【讨论】

根据图 2-21 所示效果，补充下面程序中横线处的部分代码。

图 2-21 曲线花朵示意图

```
import turtle as t
import random
t.hideturtle( )
t.speed(0)
t.colormode(255)
```

```
def hua( ):
    t.pu( )
    t.goto(0,0)
    ① _____
    ② _____
    for i in range(11):
        t.circle(55,230)
        t.lt(65)
    ③ _____
```

通过本节的学习，小龙学会了用 Python 海龟绘图指令，结合 Python 内建函数、数学函数、自定义函数进行绘图，他编写了绘制项目范例所需的自定义函数，发现使用起来真方便。

● 项目实施

请根据小组自选主题的项目方案，结合本节所学知识，将重复的图案元素通过自定义函数的方式进行封装，运用到项目中，进一步讨论完善该项目方案中的各项探究活动，并进行探究实践。

第 3 节 Python 模块及其应用

● 小龙的想法

小龙目前可以绘制出各种各样有规律的图形了，但是他一直有一个疑问，每次绘图都要调用海龟模块，那这个"模块"到底是什么意思？他决定研究一下 Python 中的模块。

在大型的程序设计中，经常会出现各种各样多次使用的代码块，使得程序的结构变得又长又难读。因而，我们往往会把一些重复使用或具有通用功能的程序代码块编制到一起形成模块，以方便在主程序或其他程序中调用。

一、模块的概念

模块是一个包含所定义的函数和变量的文件，其后缀名一般为 .py。模块可以被别的程序引用，以实现该模块中的功能，这也是使用 Python 标准库的方法。

编写 Python 模块就跟编写 Python 程序一样，文件的默认后缀名也为 .py，只是模块中可能有多个函数。例如，现在要编写一个既有画正多边形，又有画圆函数的模块，并将其保存在文件 huahua.py 中。

★程序 2-12 编写 huahua.py 模块

```
# Filename: huahua.py
import turtle as t
def h(x,y,r,b):          #定义函数名 h，实现画正多边形的功能
```

```
        t.width(2)
        t.color("black",'white')
        t.pu()
        t.goto(x,y)
        t.setheading(0)
        t.pd()
        t.begin_fill()
        for i in range(b):
            t.fd(r)
            t.lt(360/b)
        t.end_fill()
        return
    def c(x,y,colorf,colorb):    #定义函数名c，实现画圆形花朵的功能
        t.pu()
        t.goto(x,y)
        t.setheading(0)
        t.color(colorf, colorb)
        t.begin_fill()
        t.pd()
        len=3.1
        for i in range(5):
            t.left(72)
            for j in range(60):
                if j < 30:
                    len += 0.01
                else:
                    len -= 0.01
                t.forward(len)
                t.left(6)
        t.end_fill()
        return
```

这样我们就定义了一个名为 huahua.py 的模块，其中包含两个函数，分别是 h( ) 和 c( )。下面，我们就可以在其他程序中调用此模块以使用其中的函数了。

【实践】

根据自选项目所需功能，将需要重复使用的功能定义成单独的模块。

二、模块的应用

1.import 语句

要想在程序中使用已有模块，必须在程序源文件里提供一个"进口"通道，即执行 import 语句：

```
import module1[, module2[,... moduleN]]
```

当解释器遇到 import 语句时，如果模块存在于当前的搜索路径中就会被导入。

2. 模块使用示例

在程序或另一个模块中使用已有的模块，有整体导入和部分导入两种方式。

1）整体导入

一般使用"import 模块名"即可。

★程序 2-13 调用 huahua.py 模块

```
# Filename: huahua.py
# 导入模块
import huahua
# 现在可以调用模块里包含的函数了
huahua.h(0,0,50,8)
```

其运行结果如图 2-22 所示。

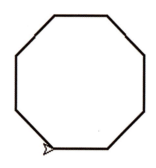

图 2-22　调用模块中的 h 函数

★程序 2-14 调用 huahua.py 模块

```
import huahua
huahua.c(0,0,"red","pink")
```

其运行结果如图 2-23 所示。

图 2-23　调用模块中的 c 函数

也可使用"from 模块名 import *"语句，即把一个模块的所有内容全都导入当前的命名空间，但这种声明不宜在程序中被过多地使用。

2）部分导入

若想部分导入模块中的内容，可使用"from 模块名 import 函数名"，语法如下：

from modname import name1[, name2[, ... nameN]]

这个声明不会把整个模块导入当前的命名空间中，只会导入语句中注明的函数，上例中如采用语句 from huahua import c，则只将 huahua 模块中的函数 c 引入进来。

3. 模块包与模块别名

1）模块包

包是一种管理 Python 模块命名空间的有效方式，包的本质就是一个包含众多模块的文件夹。在 Python 中，众多功能用模块来组织，众多模块就用包来组织。

在 Python 程序设计中，常采用"包.模块名称"的形式来引用模块。

比如一个模块的名称是 A.B，就表示包 A 中的子模块 B。有了包，不同的作者即使提供同名的 NumPy 模块，或者 Python 图形库，也不会引起冲突。

2）模块别名

对于外引的模块，为了避免混淆，在程序设计中，最好在引入模块时用别名表示。如 import NumPy as np，其中的 np 就是别名，写代码时就用别名 np 代表模块 NumPy。

【实践】

（1）尝试在 Python 平台上，运用模块知识编写含有多个函数或过程的通用模块文件，保存到模块库文件夹中，然后编写一个多处调用模块中各个函数的程序，并进行运行调试。

（2）编写一个能够解决实际问题的应用程序（要求使用或调用自编的模块），例如，画红色五角星等。

通过本节的学习，小龙终于明白了模块的意义。他可以尽情地创作，并将一些绘制图案的程序保存成模块，下次绘制此类图案时就可以直接导入模块中的函数进行使用，真是太方便了。

● 项目实施

请根据小组自选主题的项目方案，结合本节所学知识，尝试将有趣、好玩、好看的图案元素定义为功能模块，综合运用到项目中，进一步讨论完善该项目方案中的各项探究活动，并进行探究实践。

第 4 节　递归及其应用

● 小龙的想法

小龙一直在尝试用海龟绘图绘制更美的图形。他知道构图时应用黄金分割点会让图形看起来更协调、更好看。在尝试的过程中他发现了一个神奇而美妙的算法应用，这就是递归。

递归的应用场合很广，利用递归方法，可以解决很多数学问题，也可以画出很漂亮的图形。

一、递归的概念

下面从一个简单的问题入手，说明递归的含义。

（1）问题：将一个整数逆序输出。例如，给出一个值4167，应输出7614。

（2）分析：我们可以采用的策略是把这个值反复除以10，并依次打印各个余数。例如，4167除以10的余数是7并打印7，余商416除以10的余数是6并打印6，余商41除以10的余数是1并打印1，余商4除以10的余数是4并打印1，最后余商为0，结束。每一步都是重复"余商除以10取余数并打印余数"的操作，直至余商为0。

（3）程序：根据上述分析，编写实现程序2-15。

★程序2-15 求整数的逆序

```
def nxsc(a):
    print(a%10,end='')       #a 整除10 取余数
    n=a//10                  #a 整除10
    if n==0:
        return               # 退出递归
    else:
        nxsc(n)              # 缩小规模，调用自身
x=int(input("输入一个数："))   # 例如输入1234
nxsc(x)                      # 输出：4321
```

（4）总结：这种调用自身的编程技巧称为递归。

（5）递归的基本思想如下。

① 递进：把规模大的、较难解决的问题变成规模较小的、易解决的同一问题。

② 回归：找到解决同一小问题的方法并反复调用求解，直至原来规模大的问题得到解决。

一般来说，递归需要明确边界条件，否则会进入死循环。当边界条件不满足或递进条件满足时，递归前进，缩小问题规模，提取重复的逻辑；当边界条件满足或递进条件不满足时，递归返回，结束调用。

用turtle画图时，我们经常绘制一些相似图案，它们可能大小不一样，位置不一样，却拥有相似的构造，如图2-24所示，此时，我们也可以用递归来实现。

图 2-24 渐增圆环示意图

★程序2-16 绘制渐增圆环

```
from turtle import *
pencolor("gold")
width(2)
```

```
def nc(a):
    circle((a%10)*10)    #因余数是个位数，放大 10 倍做圆的半径
    n=a//10
    if n==0:
        return
    else:
        nc(n)
x=int(input("输入一个数："))    #例如输入 123456789
nc(x)
```

二、递归的应用

尽管我们把"自己调用自己"的编程技巧归属于递归，但递归并不限于"自己调用自己"或"交互调用"，它是一种分析和解决问题的方法和思想。

1. 递归应用条件

一般来讲，能用递归解决的问题必须满足两个条件。

（1）可以通过递归调用缩小问题规模，且新问题与原问题有着相同的形式。

（2）存在一种简单情境或边界条件，可以使递归在简单情境下退出。

如果一个问题不满足以上两个条件，那么它就不能用递归方法解决。

2. 递归应用场景

递归算法一般用于解决三类问题。

（1）问题的定义是按递归定义的（比如 Fibonacci 函数、阶乘）。

（2）问题的解法是递归的（例如汉诺塔问题）。

（3）数据结构是递归的（比如树）。

3. 实例：求斐波那契数列项

（1）问题：求斐波那契数列的第 N 项的值。

（2）分析。

斐波那契数列的定义：

对于 $n<=1$，$f(0) = 0$，$f(1) = 1$；

对于 $n>1$，$f(n) = f(n-1) + f(n-2)$。

显然，这是一个可以用递归算法解决的问题，符合递归应用条件。

① 对于任一个比 1 大的 n，求 $f(n)$ 只需求出小规模的 $f(n-1)$ 和 $f(n-2)$，也就是说，规模为 n 的问题被转化为规模更小的问题。

② 对于 $n=0$ 和 $n=1$，存在着简单情境：$f(0) = 0$，$f(1) = 1$。

（3）程序。

★**程序 2-17 求斐波那契数列**

```
def fib(n):
    if n == 0 :
        return 0
    elif n == 1:
        return 1
    else :
        return fib(n-1) + fib(n-2)
for i in range(0,11):
    print(fib(i),end=' ')
```

注意：在编写递归调用的函数时，一定要把对简单情境的判断写在最前面，以保证函数调用在检查到简单情境的时候能够及时地终止递归，否则有可能会永不停息地进行递归调用。

据说，斐波那契序列不仅藏身于自然界，比如星云、松果、菠萝、贝壳、花瓣等物体中，在绘画、建筑等艺术领域也有广泛应用，如图 2-25 所示。

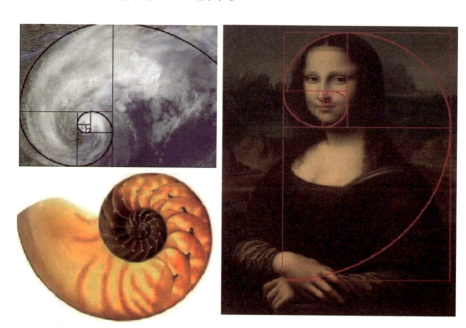

图 2-25 斐波那契序列应用实例

在上述斐波那契数列实现的基础上，我们还可以对其进行延伸和扩展，将其用 turtle 海龟画图进行实际应用。下面是两个利用斐波那契数列绘制图形的实例。

★**程序 2-18 斐波那契数列的艺术——绘制如图 2-26 所示的渐变矩形**

```
import turtle as t
t.width(2)
t.hideturtle()
def fib(n):      #求斐波那契数
    if n == 0 :
```

```
            return 0
        elif n == 1:
            return 1
        else :
            return fib(n-1) + fib(n-2)
def squ(L):    #画正方形三边
    for i in range(3):
        t.fd(L)
        t.lt(90)
ftop=5
fend=14
for i in range(ftop,fend+1):
    squ(fib(i))
t.fd(fib(fend))
```

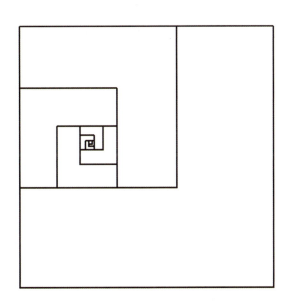

图 2-26　斐波那契数列应用实例（1）

★程序 2-19 斐波那契数列的艺术——绘制如图 2-27 所示的螺旋形

```
import turtle as t
t.width(2)
t.hideturtle()
t.setheading(110)
t.color('#8F653B','#EDCB67')
def fib(n):    #求斐波那契数
    if n == 0 :
        return 1
    elif n == 1:
        return 2
    else :
```

```
        return fib(n-1) + fib(n-2)
ftop=0
fend=10
t.begin_fill()
for i in range(ftop,fend+1):
    t.circle(fib(i),180)
t.end_fill()
```

图 2-27 斐波那契数列应用实例（2）

三、分形图形设计

分形图形设计是递归的典型应用，运用递归不断地循环，可以形成非常漂亮的图形。

1. 分形树：自相似递归图形

（1）分形是在不同尺度上都具有相似性的实物，将这种观点放在对树的观察上，可以看出，一棵树的每个分叉和每条树枝，实际上都具有整棵树的外形特征（逐步分叉）。

（2）我们可以将树分解为三部分：树干、左小树、右小树。

（3）这种分解正好符合递归的定义：对自身的调用。

★程序 2-20 用递归绘制如图 2-28 所示的分形树

```
import turtle as t
def tree(branchLen):
    if branchLen>5:
        t.forward(branchLen)        # 画树干
        t.right(20)# 右偏20°
        tree(branchLen-15)          # 树干长减15
        t.left(40)# 左偏40°
        tree(branchLen-15)          # 树干长减15
        t.right(20)                 # 右偏20°，即回正
        t.backward(branchLen)       # 返回原位
```

```
t.screensize(400,400," #EDCB67")
t.width(2)
t.penup()
t.goto(0,-200)
t.pendown()
t.color("green")
t.setheading(90)
tree(100)
```

2. 松树：分形树的另一种形式

很多树木如图 2-28 所示，呈张开的伞状结构，可以遮风挡雨挡阳光，还有一些树木则像收拢的伞，呈锥形，如松树、柏树等。下面，利用递归绘制另一种分形树——松树。

图 2-28　分形树示意图

★ 程序 2-21　用递归绘制如图 2-29 所示的松树

```
from turtle import *
speed(0)
screensize(bg='seashell')
pencolor("green")
setheading(90)
def tree(d, s):
    if d <= 0:
        return
    forward(s)
    tree(d-1, s*.8)
    right(120)
    tree(d-3, s*.5)
    right(120)
    tree(d-3, s*.5)
    right(120)
```

```
        backward(s)
tree(15, 60)
```

图 2-29　松树示意图

【讨论】

小组交流，讨论分析程序 2-20 和程序 2-21 的递归过程、递归终止条件。

祥云是中国文化传统中的经典元素，分析其图案构成，我们不难发现它里面也包含自相似的图案。如图 2-30 所示是祥云图案示例。

图 2-30　祥云图案示意图

★程序 2-22　绘制如图 2-30 所示的祥云

```
from turtle import *
import random as r
def nc(a):
```

```
        if a<10:
            return
        else:
            circle(a,135)
            rt(60)
            k=r.randint(3,10)
            nc(a-k)
#x、y是起点位置，m是起始朝向，n是祥云初始半径
def xync(x,y,m,n):
    pu()
    goto(x,y)
    setheading(m)
    pd()
    nc(n)
pencolor("#DE9C53")
width(3)
hideturtle()
xync(0,0,0,60)
xync(200,200,35,45)
xync(-200,100,90,50)
```

【实践】

祥云图案千变万化，请同学们自行设计并绘制一个祥云图案。

经过本章的探究，小龙利用 Python 的 turtle 海龟绘图功能，应用函数和递归等功能实现了最终的作品设计，如图 2-31 所示，其代码主体如程序 2-23 所示。

图 2-31　项目范例最终作品图案

★程序 2-23 绘制如图 2-31 所示的中国传统文化元素——花窗

```python
# 项目范例程序——绘制花窗
import turtle as t
import math as m
def tree(b):
  if b>5:
    t.forward(b)          # 画树干
    t.right(20)           # 右偏 20°
    tree(b-15)            # 树干长减 15
    t.left(40)            # 左偏 40°
    tree(b-15)            # 树干长减 15
    t.right(20)           # 右偏 20°，即回正
    t.backward(b)         # 返回原位
def h8(x,y,r,a):          #r 是外接圆半径，a 是旋转角度
    t.pu()
    t.goto(x,y)
    t.setheading(a)
    t.fd(r)
    t.lt(112.5)
    t.pd()
    L=r*m.sin(m.pi/8)*2
    for i in range(8):
        t.fd(L)
        t.lt(45)
def s4(x,y,r):            # 画十字叉
    rcos=r*m.cos(m.pi/8)
    for i in range(4):
        t.pu()
        t.goto(x,y)
        t.setheading(i*90)
        t.pd()
        t.fd(rcos)
#……省略部分代码……
```

小龙用递归算法，结合海龟绘图，开展了各式各样的绘图尝试。他感觉递归和循环有点相似，一样有重复，一样有终止条件。自身调用自身这种算法真的是太神奇了。

● 项目实施

请根据小组自选主题的项目方案，结合本节所学知识，尝试将递归方法和分形图案运用到项目中，进一步讨论完善该项目方案中的各项探究活动，并进行探究实践，同时参照项目范例的样式，撰写项目成果报告。

● 成果交流

各小组运用数字可视化工具,将所完成的项目成果,在小组和全班中,或在网络上进行展示与交流。

● 活动评价

各小组根据项目选题、拟定的项目方案、实施情况以及所形成的项目成果,根据本书附录的"项目活动评价表",开展项目学习活动评价。

本章扼要回顾

通过本章的学习,根据"Python图画编程"的知识结构图,扼要回顾、总结、归纳学过的内容,建立自己的知识结构体系。

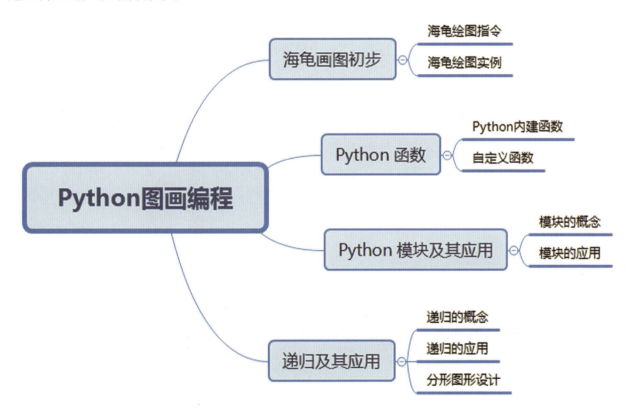

回顾与总结

第 3 章

Python 与开源硬件

　　开源硬件是人们对智慧成果共享、自由追求的结果，也是开源文化的重要组成部分。Python 与开源硬件的结合，让人们能够更有效地将自己的创意付诸实施，更快地形成创意作品。

　　目前，比较流行的开源硬件平台主要有 Arduino、micro:bit、掌控板等，本书将以 micro:bit 为例进行介绍。

　　本章将通过"贴心小哥——智能小伙伴"项目，进行自主、协作、探究式学习，让同学们理解 micro:bit 的输入感知、数据处理、输出控制过程，学会利用开源硬件，综合运用 Python 知识和所掌握的技能，编程解决真实问题，从而将知识建构、技能培养与思维发展融入运用数字化工具解决问题和完成任务的过程中，促进计算思维的发展，完成项目学习目标。

◎ 开源硬件 micro:bit
◎ micro:bit 的输出控制
◎ micro:bit 对舵机的控制
◎ micro:bit 交互通信
◎ micro:bit 感知外部信息

项目范例：贴心小哥——智能小伙伴

● **情境**

小龙是个有思想、有追求的高中生。自从有了小弟弟，他发现家里多了很多问题，妈妈很辛苦，脾气越来越暴躁。作为暖心的儿子，贴心的小哥，他开始动脑，利用所学的编程知识制作一个可以互动的智能小伙伴，帮助妈妈解决一些实际家庭问题。

● **主题**

贴心小哥——智能小伙伴。

● **规划**

根据项目范例的主题，在小组中进行讨论，利用思维导图工具，制订项目学习规划，如图3-1所示。

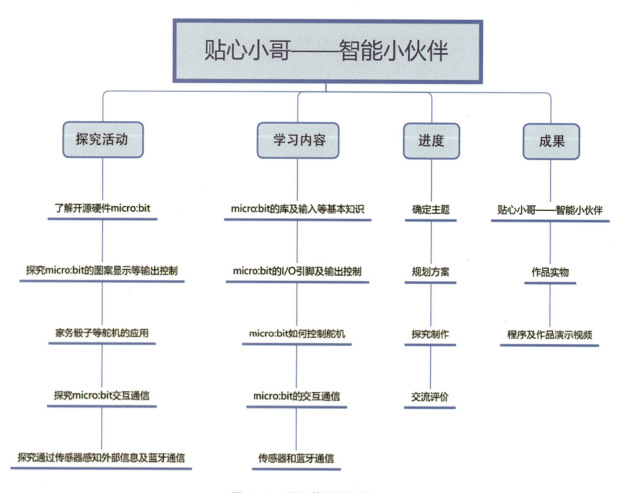

图 3-1 项目范例规划图

● 探究

根据项目学习规划的安排，通过调查和案例分析、文献阅读或网上搜索资料，开展"贴心小哥——智能小伙伴"项目学习探究活动，如表3-1所示。

表3-1 "贴心小哥——智能小伙伴"项目学习探究活动

探究活动	学习内容	知识技能
开源硬件micro: bit	micro: bit 简介	了解micro: bit
	micro: bit 库	
	micro: bit 板载设备	
micro: bit的输出控制	micro: bit的I/O引脚	了解micro: bit的输出控制
	micro: bit的输出	
micro: bit对舵机的控制	舵机控制	了解如何用micro: bit控制舵机，制作家务骰子、八音自动打击琴
	舵机应用	
micro: bit交互通信	micro: bit有线通信	了解micro: bit的交互通信
	micro: bit无线通信	
micro: bit感知外部信息	传感器	了解micro: bit通过传感器感知外部信息
	蓝牙通信	

● 实施

实施项目学习各项探究活动，认识Python与开源硬件的关系，理解利用Python与开源硬件进行实体作品创作的意义和作用。

● 成果

在小组开展项目范例学习的过程中，利用思维导图工具梳理小组成员在"头脑风暴"活动中的观点，建立观点结构图，运用多媒体创作工具（如演示文稿、在线编辑工具等），综合加工和表达，形成项目范例可视化学习成果（如图3-2所示），并将完成的实体作品成果通过各种分享平台发布。

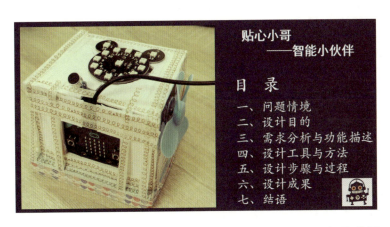

图3-2 "贴心小哥——智能小伙伴"项目范例可视化报告截图

● 评价

根据本书附录的"项目活动评价表"对项目范例的学习过程和学习成果，在小组和全班中，或在网络上开展交流，进行自评和互评。

● 项目选题

请同学们以 3～6 人组成一个小组，选择下面一个参考主题，或者自拟一个感兴趣的主题，开展项目学习：

1. 基于 micro:bit 的音乐播放器开发。
2. 基于 micro:bit 的家庭防盗监测仪开发。
3. 基于 micro:bit 的摔倒求助器开发。

● 项目规划

各小组根据本组的项目选题，参照项目范例的样式，利用思维导图工具，制定相应的项目方案。

● 方案交流

各小组将完成的方案在全班中进行展示交流，师生共同探讨、完善相应的项目方案。

第 1 节　开源硬件 micro:bit

● 小龙的想法

小龙发现在之前的 Python 应用中，输入和输出都是通过程序在电脑上实施的。他想做一个实体的装置，可以脱离电脑应用，来解决他在生活中发现的一些问题。比如在家里，每天早上都是由妈妈根据天气预报给弟弟选择衣服。他想做个室内温度检测仪帮助妈妈。于是小龙开始了对 micro:bit 和 Python 的探究之旅。

一、micro:bit 简介

micro:bit 是由英国 BBC 设计的 ARM 架构的单片机，板载了加速度传感器、电子罗盘、用户按钮、5×5 LED 点阵等对象，是一款适用于青少年编程教育的开源创客工具。利用 micro:bit 可以轻易地将自己的小创意予以实现。

1. 硬件平台

micro:bit 的基本结构如图 3-3 所示，引脚布设如图 3-4 所示。

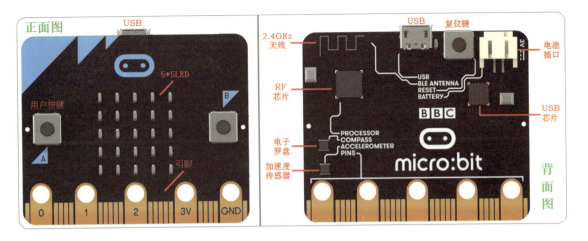

图 3-3 micro:bit 正面、背面图

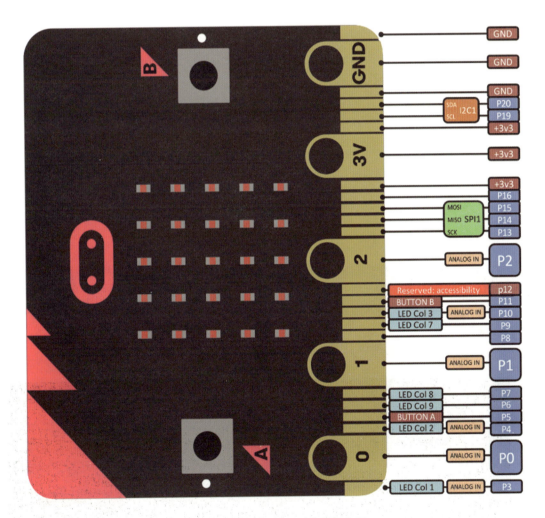

图 3-4 micro:bit 的引脚布设

（1）micro:bit 的基本参数。

① micro:bit 的工作电压为 3.3V。

② micro:bit 的 USB 口供电电压为 5V。

③ PH2.0 电源接口为 3.3V。

④ 鳄鱼夹接口为 3～3.3V。

⑤ micro:bit 有一个微处理器。

⑥ 工作温度在 0～85℃。

⑦ 接口类型分为 USB 口、3V 供电口、5 个鳄鱼夹接口、20 个金手指接口。

⑧ 尺寸大小为 43mm×52mm。

（2）micro:bit 的按钮。

micro:bit 有两个按钮：A 和 B，可以通过编程实现用按钮来控制程序的目的。

（3）micro:bit 的引脚。

micro:bit 的底部有 25 个外部接口，叫作引脚（如图 3-4 所示，其右侧标出了引脚号）。通过这些引脚，可以连接 LED 灯、电机、外部传感器等，编程控制电子元器件。

利用 micro:bit 和各种电子元器件，可以制作各种实现自动控制功能的创意作品。

2. 软件平台

我们可用 MicroPython 或者 MakeCode 在线平台对 micro:bit 进行编程，本书主要介绍如何基于 MicroPython 在线编程平台进行程序设计和作品创作。

1）Python 在线编程平台

在 micro:bit 上可以使用流行的 Python 编程语言。面向 micro:bit 运行的 Python 版本称为 MicroPython。micro:bit 专门建立了一个 Python 在线编程网站 https://python.microbit.org/，进入该在线编程网站后，可以用 MicroPython 语言编程，其界面如图 3-5 所示。

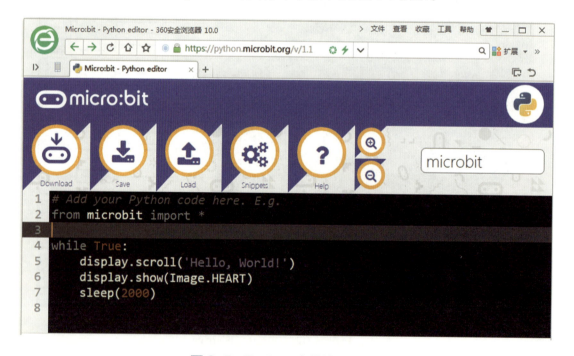

图 3-5 Python 在线编程界面

2）micro:bit 硬件连接

将 micro:bit 用 USB 线连接到电脑（它将显示为 USB 存储器），如果连接后能够在"我的电脑"中看到如图 3-6 所示的图标，即表示 micro:bit 已经成功被电脑识别并连接。

图 3-6　micro:bit 成功连接

3）micro:bit 程序的下载、保存和加载

如果想将程序发送到 micro:bit 中运行，则可先单击图 3-5 中的 Download 按钮将程序文件下载到本地文件夹中，然后直接将下载的后缀名为 .hex 的程序文件发送或拖放到图 3-6 所示的 MICROBIT（H:）设备中即可。

单击 Save 按钮，可以将代码保存到计算机上。

单击 Load 按钮，会出现灰色的"放置"区域，可以将文件从计算机加载到 Python 在线编辑器中。也可以单击提示框底部的链接，使用文件选择器选择要加载的文件。

4）MicroPython 编程窗口

如图 3-5 所示的黑色区域为程序代码编辑器窗口，在这里输入 Python 程序代码。

3. MicroPython 编程初探

下面，我们以"Hello World!"程序来开始 MicroPython 编程之旅。其功能为在 micro:bit 板载的 LED 阵列中滚动显示"Hello World！"字样，并显示心形图案，如图 3-7 所示。

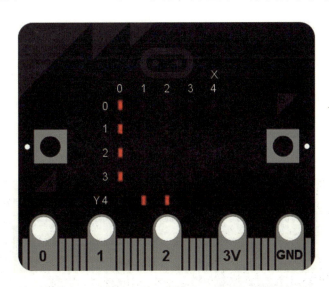

图 3-7　"Hello World!"程序效果截图

★程序 3-1　"Hello World!"程序

```
# 例程 3-1
from microbit import *
while True:          # 循环执行下面的语句
    display.scroll('Hello, World!')
    display.show(Image.HEART)
    sleep(2000)
```

程序 3-1 的作用及语句功能描述如表 3-2 所示。

表 3-2　程序 3-1 功能解析

程序描述	开机后，滚动显示"Hello World!"，然后显示心形图案，停顿 2000ms（2s），并一直重复
from microbit import *	对 micro:bit 进行编程所需的所有内容都放在名为 microbit 的模块中。进行 import 操作，就是告诉 MicroPython 要使用这个库里的内容。 连接 micro:bit 必须有此句
display	控制 micro:bit 正面的 5×5 LED 显示屏
scroll( )	display 的函数方法，用于滚动显示括号里的字符串（只能是字母、数字，无法显示汉字）。 引用时前面要加上"display."
show( )	display 的函数方法，用于显示括号里的字母、数字或图像名称。 引用时前面要加上"display."
sleep(t)	休眠语句，让设备暂停 t ms

【实验】

尝试用 MicroPython 在线编程平台编写程序，让 micro:bit 滚动显示你的名字。

注意：当遇到错误时，MicroPython 会在其显示屏上滚动显示一条消息。它甚至可以包含行号。常见错误包括语法错误和名称错误。不过由于在 micro:bit 正面的显示屏上滚动式输出的是英文字母，阅读错误时要耐心。

【思考】

请结合前面所学的 Python 知识，判断如图 3-8 所示的代码有什么错误？

```
from microbit import *
display.scroll('Hello, World!')
sleep(2000)
display.show(Image.HEART)
```

图 3-8　代码截图

【拓展阅读】

编写 micro:bit 程序还可以使用图块化在线编程 MakeCode。

进入图块化在线编程网站，单击"新建项目"，就可以进入图块化编程界面。可以通过拖放图块的方式编程，并可在左边的仿真工具中运行程序，如图 3-9 所示。（单击右上角的"更多"按钮，选择"语言"，可以切换简体中文或英语，如图 3-10 所示为中文界面）

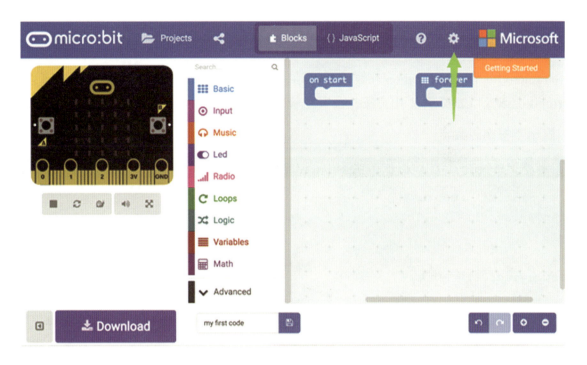

图 3-9　图块化在线编程界面

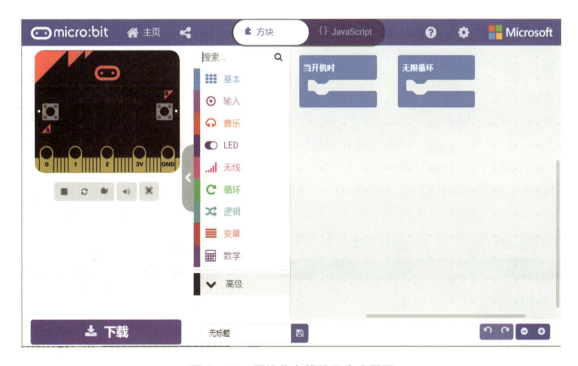

图 3-10　图块化在线编程中文界面

　　如果想将程序发送到 micro:bit 中运行，则可先单击 Download（下载）按钮将程序文件下载到本地文件夹中，然后，直接将后缀名为 .hex 的程序文件发送或拖放到 MICROBIT（盘符）中。

　　注意：若网速较慢，使用在线图形化编程平台不方便，则可下载离线版 MakeCode（绿色软件）。不过需要注意的是，离线版 MakeCode 的源码语言为 JavaScript，而非 Python，因此，本书不作重点介绍。

二、micro:bit 库

面向 micro:bit 的 MicroPython 在线编程网站，有专门的 microbit 库，利用这个库可以编程控制 micro:bit 上 5*5 LED 矩阵、用户按钮及其他板载元器件。

1. 显示字符串或数字

★程序 3-2 显示字符串或数字

```
from microbit import *
display.scroll("Hello, World!")
a=10
b=2
display.scroll(a*b)
```

注意： micro:bit 利用 5*5 LED 矩阵显示字符串（只能显示数字和英文字母，不支持中文字符）。若要显示其他数学函数或随机数等，则需要先导入 math（数学）、random（随机数）模块。比如将程序 3-2 中的 a=10 写为 a=random.randint(10,50)。

【实验】

编写一个程序，让 micro:bit 滚动显示 A～Z 范围内的一个随机字母。

2. 显示简易图案

1）内置图案

micro:bit 内置了很多简易图案，如 HEART（心）、HAPPY（笑脸）、SMILE（微笑）、SAD（伤心）、YES（是）、NO（否）、CLOCK1（时钟 1）、ARROW_NW（箭矢 NW）、TRIANGLE（三角形）、RABBIT（兔）、COW（奶牛）、MUSIC_CROTCHET（音乐钩）、TSHIRT（T 恤衫）、UMBRELLA（雨伞）、SNAKE（蛇）等几十种图案，使用 display.show（Image.HEART）等命令就可显示对应的图案。

通过编程可以让 5*5 LED 矩阵显示简易图案，如程序 3-3 所示。

★程序 3-3 显示笑脸图案

```
from microbit import *
while True:
    display.show(Image.HAPPY)
    sleep(2000)
```

在程序 3-3 中，内置图案 HAPPY 是 Image 对象的一部分，要显示笑脸，需要用到 show() 方法。所以，显示内置图案的语句格式是：display.show（Image. 图案名）。

【交流】

查找相关资料，列出 micro:bit 所有的内置图案，选择其中的几个有趣图案进行编程显示，并交流讨论显示效果。

2）自造图案

利用 5*5 LED 矩阵可以自定义简单图案并予以显示，如程序 3-4 所示。

★程序 3-4 显示自定义图案

```python
from microbit import *
boat = Image("03060:"
             "03060:"
             "03060:"
             "99999:"
             "09990")
display.show(boat)
```

【观察】

编写并上传程序 3-4，观察其实际显示效果，能够看出它是一个什么图案？结合图案理解程序代码的含义。

micro:bit 显示器上的每个 LED 像素值如果设置为 0（零），则表示关闭（即亮度为零），如果设置为 9，则表示显示最亮的级别。通过设置每个像素点的亮度值（注意每行有五个数字，包含在一对双引号中，一共五行），即可形成独特的自定义图案。

除了可以显示静态自定义图案外，micro:bit 还可以显示动态图案，下面是显示内置动态图案的程序。

★程序 3-5 显示内置动态图案

```python
from microbit import *
display.show(Image.ALL_ARROWS, loop=True, delay=1000)
```

Image 中内置了几个图像列表，包括 Image.ALL_CLOCKS 和 Image.ALL_ARROWS。

程序 3-5 中 show( ) 方法的参数解释如表 3-3 所示。

表 3-3 show( ) 的参数解读

show( ) 的语句格式	display.show(value, delay, wait = True, loop = False, clear = False)
value	value 如果为字符串、浮点数或整数，则按顺序显示字母或数字。如果是可重复的图像序列，将依次显示这些图像
delay	每个字母、数字或图像之间显示的时间间隔为 delay 的数值，单位为 ms，如 delay=1000，则间隔为 1000ms
wait	如果 wait 为 True，则此功能将阻塞直到动画结束，否则动画将在后台发生，缺省值为 True
loop	如果 loop 为 True，则动画将一直重复，缺省值为 False
clear	如果 clear 为 True，则完成后将清除显示，缺省值为 False

程序 3-6 显示的是一个自定义动态图案,其中 all_animals 是一个自定义的图像列表,列表项为内置图案,也可以用自建图案替换。

★程序 3-6 显示自定义动态图案

```
from microbit import *
all_animals = [Image.GIRAFFE,Image.BUTTERFLY, Image.DUCK,Image.COW]
display.show(all_animals, delay=1000)
```

【实践】

为响应环保号召,你能否在家人过生日时利用 MicroPython 编程,设计一个蜡烛被吹时摇曳直至吹灭的动态图案,并显示在 micro:bit 屏幕上呢?

三、micro: bit 板载设备

micro:bit 的信息输入可通过用户按钮、加速度传感器、电子罗盘、板载蓝牙及众多引脚连接各种传感器予以实现。

1. 按键输入

micro:bit 的正面有两个用户按钮:A、B,如图 3-11 所示,可作为信息输入方式之一。

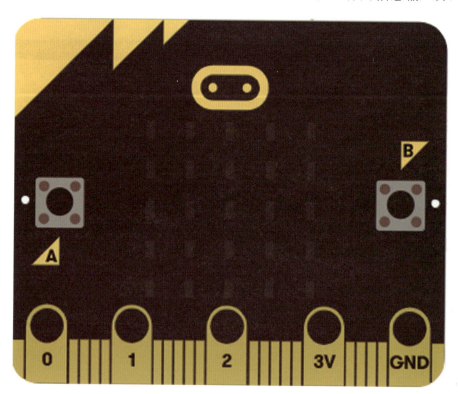

图 3-11　按钮 A 和按钮 B

按钮的使用如表 3-4 所示。

表 3-4　按钮的使用

对象或常用方法	对象名称或作用
按钮 A	button_a
按钮 B	button_b
is_pressed( )	用于判断指定按钮当前是否被按下，按下返回 True，否则返回 False
get_presses( )	返回按钮按下的总次数，并在返回之前将该总次数重置为零

★程序 3-7　按钮控制

```
from microbit import *
while True:
    if button_a.is_pressed( ):  # button_a 是按钮 A
        display.scroll('A')    # 显示字符 A
    elif button_b.is_pressed( ):
        display.scroll('B')
```

程序 3-7 的作用：当按下按钮 A 时，显示字符 'A'；当按下按钮 B 时，显示字符 'B'。

该例涉及两个对象——micro:bit 上的按钮 A 和按钮 B。

该例使用了一个方法——is_pressed( )，当按钮 A 被按下时，button_a.is_pressed( ) 的返回值为 True；当按钮 B 被按下时，button_b.is_pressed( ) 的返回值为 True。

★程序 3-8　读取按钮按下次数

```
from microbit import *
while True:
    if button_a.is_pressed( ):
        sleep(10000)
        b=button_b.get_presses( )
        display.scroll('B'+str(b))
```

程序 3-8 的作用：如果按钮 A 被按下，接下来的 10s，button_b.get_presses( ) 记录了按钮 B 被按下的次数，并在屏幕上显示字符 B 和按下的次数。

注意：返回次数是一个数值，如果要在显示屏上输出，最好用 str( ) 函数将它转换为字符串。

通过两个按钮和屏幕图案的结合使用，可以进行一些互动小游戏的设置和开发。程序 3-9 即是这样一个示例。

★程序 3-9　按钮控制输出简易图案

```
from microbit import *
while True:
    if button_a.is_pressed( ):
        display.show(Image.HAPPY)
```

```
elif button_b.is_pressed( ):
    display.show(Image.SAD)
if running_time( ) > 5000:
    display.clear( )
```

【讨论】

在本书前两章，我们发现 Python 常用的输入语句是 input( )，常用的输出语句是 print( )。在 MicroPython 中，因为和 micro:bit 设备相连，输入和输出更加多样化。请结合自选项目主题，分析和讨论将用到的输入和输出内容。

2. 加速度传感器

micro:bit 自带加速度传感器，它可以测量三个轴向上的运动。

X：左右；

Y：前后；

Z：上下。

加速度传感器不仅可以检测 micro:bit 的加速度，还可以检测 micro:bit 的移动、摇动、晃动、倾斜以及自由落体等动作，如图 3-12 所示。我们可以根据不同的需要进行编程，让它在检测到不同动作的时候执行不同的程序，从而开发一些互动游戏。

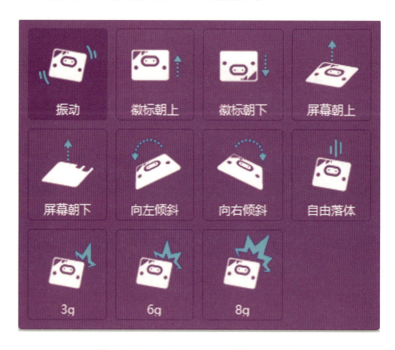

图 3-12 micro:bit 可检测的状态

【交流】

讨论并交流可以利用 micro:bit 的状态检测功能开发哪些互动游戏。

加速度传感器的常用方法如表 3-5 所示。

表 3-5 板载加速度传感器的常用方法

常用方法名	作用及返回值
accelerometer.get_x( )	可以得到板子在 x 轴上的倾斜数值，向左倾时值为负，向右倾时值为正。因为加速度传感器非常灵敏，可以设置当数值为 -20 ～ +20 时为水平
accelerometer.get_y( )	测量板子前倾 / 后倾
accelerometer.get_z( )	测量板子向上 / 向下
accelerometer.current_gesture( )	函数返回值为状态英文名，如 面朝上时返回"face up"； 面朝下时返回"face down"； 其他：up（上），down（下），left（左），right（右），freefall 自由落体，3g、6g、8g、shake（摇晃）等

★程序 3-10 简单水平仪

```
from microbit import *
while True:
    reading = accelerometer.get_x( )
    if reading > 20:
        display.show("R")
    elif reading < -20:
        display.show("L")
    else:
        display.show("-")
```

程序 3-10 的作用：检测板子的水平状态，当板子水平放置时显示"-"，板子向左倾斜时显示"L"，板子向右倾斜时显示"R"。

★程序 3-11 状态测试仪

```
from microbit import *
while True:
    gesture = accelerometer.current_gesture( )
    if gesture == "face up":
        display.show(Image.HAPPY)
    elif gesture == "face down":
        display.show(Image.ANGRY)
    elif gesture == "left":
        display.show(Image.YES)
    elif gesture == "shake":
        display.show(Image.NO)
```

程序 3-11 的作用：检测板子的状态，当板子朝上放置时显示图案 HAPPY，当板子朝下放置时显示图案 ANGRY，当板子朝左放置时显示图案 YES，当板子摇晃时显示图案 NO。

3. 指南针

板载的电子罗盘（见图 3-13），也可以叫作磁强计，它根据地球磁场来判断方向，可以当作指南针来使用，不过使用之前需要先校准。在使用指南针功能的时候，micro:bit 的 LED 灯会先显示 DRAW A CIRCLE，然后会在 LED 屏的最下面一行中间亮个灯，需要拿着 micro:bit 转一圈，让逐渐亮起的灯形成一个圆，就校准成功了，之后才能使用指南针功能。

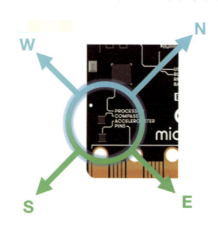

图 3-13　电子罗盘示意图

★程序 3-12　自制指北针

```
from microbit import *
compass.calibrate()  # 必须校准罗盘才能准确指向，断电必须重校
while True:
    needle = ((15 - compass.heading()) // 30) % 12
    display.show(Image.ALL_CLOCKS[needle])
```

程序 3-12 的主要方法如表 3-6 所示。

表 3-6　程序作用及方法说明

程序作用	让 micro:bit 显示屏上显示的指针始终朝北
compass.calibrate()	电子罗盘校准的方法，必须校准罗盘才能准确指向，断电必须重校
compass.heading()	micro:bit 有内置的磁力计，compass.heading() 能够得到相对于北磁极的数值。返回值是 0～360 之间的数值
Image.ALL_CLOCKS[]	内置的 Image.ALL_CLOCKS[]，包含 12 个指针图案，根据获取到的北磁极的角度值，确定显示图案列表中的某一项，让箭头始终指向北方

【实验】

地磁北极和地理北极并不在同一点，存在磁偏角，即地磁北极（指南针指的方向）与地理北极间的夹角。如北京的磁偏角是 -6°05'，广州的磁偏角是 -1°49'，太原的磁偏角是 -4°12'，乌鲁木齐的磁偏角是1°05'。大家可以通过网站来查询自己所在地区的磁偏角。

请修改程序3-12中的代码，计算本地区的磁偏角，并与查询所得结果或与手机上的指南针或其他指南针进行比较和分析。

4. 温度传感器

温度传感器可以让micro:bit检测周围环境的温度，所以可以当作温度计来使用。

★程序3-13 温度显示

```
from microbit import *
while True:
    if button_a.is_pressed( ):
        display.scroll(temperature( ))
```

程序3-13的作用及方法说明如表3-7所示。

表3-7 程序的作用及方法说明

程序作用	开机后，如果按下按钮A，就在显示屏上显示当前室温
temperature( )	micro:bit自带的温度传感器，temperature( )返回当前环境温度的数值

5. 无线电功能

micro:bit拥有无线电功能，可以用这个功能给别的micro:bit发送指令，做一些有趣的互动。（详细内容见本章第4节）

6. 蓝牙功能

micro:bit本身也拥有蓝牙功能，可以在官网下载micro:bit手机App进行调试：打开手机蓝牙，在micro:bit上同时按住按钮A和B后，再按住复位键，等待约5s后松开复位键，micro:bit上会显示一个条形图，在手机App上绘制此图形（点击相应的方块），然后点击PAIR按钮进行配对，配对完毕后就成功将micro:bit和手机通过蓝牙进行连接了，此时就可以通过手机将程序发送到micro:bit上了。（本章第5节还会介绍通过外置蓝牙模块进行蓝牙通信）

通过本节的学习，小龙知道了在哪里编写程序控制micro:bit，并探究了它自带的各种设备，比如显示屏、按钮等。因为它的输入操作非常丰富，不再像之前一样局限于字符输入。在探究中，小龙有了信心，觉得可以用它来解决一些真实的需求，并可以利用它来制作有趣好玩的互动装置。他已经迫不及待地要去尝试了。

● 项目实施

请根据小组自选主题的项目方案，结合本节所学知识，尝试将micro:bit按钮控制、LED显示等功能设备运用到项目中，为项目增加互动效果，进一步讨论、完善该项目方案中的各项探究活动，并进行探究实践。

第 2 节　micro:bit 的输出控制

● 小龙的想法

一个好的"小伙伴"要能"听"会"说",才能实现良好的"沟通"。小龙已经探究了 micro:bit 板载 LED 显示等部分功能,他想知道还有其他的输出形式吗?它能发声吗?于是,他开始探究 micro:bit 的输出控制。他希望能做出一个会唱歌的智能小伙伴,这样可以用来哄小弟弟,也可以让妈妈更加轻松、快乐一点。

micro:bit 与外部世界的沟通都要通过 I/O 引脚进行。通过 I/O 引脚可以实现外部数据的输入和对外部设备的输出控制。

一、micro:bit 的 I/O 引脚

micro:bit 的 I/O 引脚有 20 多个,包括大引脚和小引脚。

1. 大引脚

micro:bit 板下沿的大引脚有 5 个,如图 3-14 所示,包括引脚 0、1、2、3V 和 GND,这些引脚可以用带鳄鱼夹的电线与外部电子元器件连接,进而通过程序进行输入或输出控制。

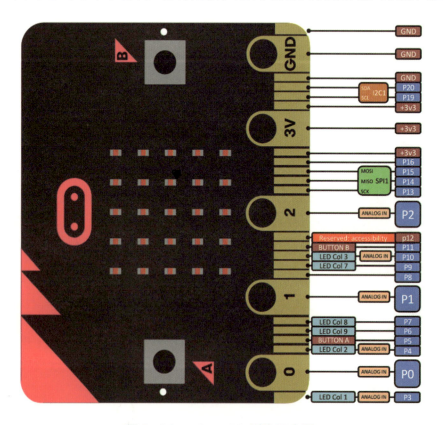

图 3-14　micro:bit 引脚示意图

程序 3-14 展示了如何利用引脚触摸函数 pin0.is_touched( ) 来判断引脚是否被触摸。

★ 程序 3-14 怕痒的 Python

```
from microbit import *
while True:
    if pin0.is_touched( ):
        display.show(Image.HAPPY)
    else:
        display.show(Image.SAD)
```

程序 3-14 的作用及方法说明如表 3-8 所示。

表 3-8 程序的作用及方法说明

程序作用	开机后，如果引脚 Pin0 被触摸，就在显示屏上显示图像 HAPPY，否则显示图像 SAD（即分别对应"笑脸"和"哭脸"）。 实验时一只手接触 GND，另一只手接触或单击引脚 0 即可体验
pin0.is_touched( )	如果引脚 Pin0 被触摸，返回值 1，否则返回值 0。 其他引脚也可以使用此方法

2. 小引脚及扩展板

除大引脚外，还有 20 个小引脚，但这些小引脚的外部连接不如大引脚那样方便。为此，针对 micro:bit 板，有人专门设计了各种连接器板或称扩展板，以方便使用者连接。用户可根据需要上网自由选购。这里选用的连接器板（见图 3-15），与模块化的元器件结合，采用接插式连接，能有效减少电路连接的麻烦和可能出现的错误。

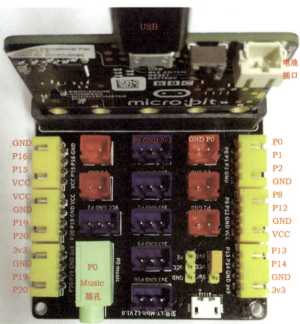

图 3-15 micro:bit 连接器板

注意：从图 3-15 所示连接器板可以看出，micro:bit 板的 20 个小引脚还有一些引脚未作标记或引出，分别是 P3、P4、P6、P7、P9、P10，它们被板载 LED 矩阵占用；由于大引脚 3V 两侧的小引脚都引出到 3.3V、大引脚 GND 两侧的小引脚都引出到 GND，导致引脚编号也少了 P17、P18。因而，可使用的输入输出引脚是 P0、P1、P2、P5、P8、P11、P12、P13、P14、P15、P16、P19、P20 共 13 个。为使用更加方便，本书后续示例将以连接此连接器板为例进行介绍。

【体验】

根据实际需要选购 micro:bit 连接器板，并体验其实际使用方法。

二、micro:bit 的输出

micro:bit 的输出控制无外乎灯光、声音、机械传动等。

1. 控制外接 LED

（1）电路连接：将 micro:bit 插入连接器板的插槽，再通过连接器板的 P0 或其他接口外接 LED 或 LED 模块，如图 3-16 所示。

图 3-16　LED 模块连接 P0 接口

（2）程序设计：用 MicroPython 编写程序，控制 LED 的亮、灭或闪烁。

★程序 3-15　会眨眼的 Python

```
from microbit import *
while True:
    pin0.write_digital(1)        # 写入高电平
    sleep(500)                   # 延迟 500ms
    pin0.write_digital(0)        # 写入低电平
    sleep(500)
```

程序的作用及方法说明如表3-9所示。

表 3-9　程序的作用及方法说明

程序作用	LED 模块接在 P0 口。当端口 P0 被写入 1（输出高电平）时，LED 灯被点亮；当端口 P0 被写入 0（输出低电平）时，LED 灯熄灭。亮和灭的间隔是 500ms，一直重复，营造眨眼睛的效果
pin0.write_digital( )	"写入"即输出，digital 是数字信号，数字信号 1 默认为高电平，而 0 为低电平

【实验】

如果要制作流水灯，可用多个 LED 连接多个引脚，通过轮流给各引脚写入高电平/低电平的方式实现。请同学们动手实验，实现流水灯效果。

如果使用 micro:bit 的 RGB 灯扩展板（图 3-17 所示的米老鼠灯），有 15 个 LED 灯，板上有标注对应的数字序号。将 LED 板连接到某个引脚，本例连接到 pin2（程序要导入 neopixel 库），实现循环亮灯的效果，如图 3-17 所示。

图 3-17　"米老鼠"灯

★程序 3-16　五彩的 Python

```
from microbit import *
import neopixel
np = neopixel.NeoPixel(pin2, 15)
br=1.0
def Wipe(r,g,b,t):
    r=int(br*r)
    g=int(br*g)
    b=int(br*b)
    for i in range(0,15):
        np[i] = (r,g,b)
        np.show( )
```

```
        sleep(t)
while True:
    Wipe(100,0,0,200)
    Wipe(0,100,0,300)
    Wipe(0,0,100,400)
```

五彩的 Python 程序说明如表 3-10 所示。

表 3-10 五彩的 Python 程序说明

程序说明	LED 灯 1～15 依次亮一圈，红灯、绿灯、蓝灯循环点亮
电路连接	本例米老鼠 LED 灯接在 P2 口
neopixel	用此类的外接 LED 灯串要导入 neopixel 模块
neopixel.NeoPixel( )	NeoPixel( ) 的第一个参数指定连接的引脚号，第二个参数表示 LED 灯的数量。本例中通过 np = neopixel.NeoPixel(pin2, 15) 语句建立连接在 P2 口的 15 个 LED 灯列表，通过 np[] 访问该列表
np[i] = (r,g,b)	通过 RGB 赋值，给某个 LED 灯指定颜色
show( )	用 show( ) 方法将颜色亮度设置发送到灯列表

【实践】

参考程序 3-16，自行编制点亮 LED 的其他程序，实现更好看、更炫酷的灯光效果。

2. 控制输出声音

micro:bit 可以利用 MicroPython 编程控制输出的乐音或非音符的声音。

1）电路连接

将 micro:bit 插入连接器板的插槽，再将蜂鸣器或喇叭连接 P0 或其他接口，如图 3-18 所示（图中喇叭为 8Ω、0.5W 扬声器）。

图 3-18 喇叭连接 P0 接口

2）编曲播放乐音

micro:bit 上的 MicroPython 配有强大的音乐和声音模块。其中，music 模块附有许多内置的旋律：DADADADUM、ENTERTAINER、WEDDING、WAWAWAWAA、JUMP_UP 等。例如，要播放《祝你生日快乐》乐曲，只需使用以下两条语句：

```
import music
music.play(music.BIRTHDAY)
```

当然，我们也可用 MicroPython 自编乐音程序，让扬声器或蜂鸣器发出乐音。程序 3-17 就是借助音乐模块 music 自编的《祝你生日快乐》乐曲，只要按列表中的音阶和节拍依次播放（play）就可实现乐音效果。

★ 程序 3-17 祝你生日快乐

```
import music
tune = ["G3:2","G3:2","A3:4","G3:4","C4:4","B3:8","G3:2","G3:2","A3:4",
"G3:4","D4:4","C4:8","G3:2","G3:2","G4:4","E4:4","C4:4","B3:4","A3:4","F4:2",
"F4:2","E4:4","C4:4","D4:4","C4:8"]  //列表tune[]赋值在一行
music.play(tune)
```

"祝你生日快乐"程序说明如表 3-11 所示。

表 3-11 程序说明

程序说明	开机播放生日快乐歌旋律
电路连接	喇叭连接 P0
import music	播放声音要导入 music 模块
tune[]	tune[] 是自定义的音阶和节拍列表
music.play(tune)	music.play() 方法调用音乐模块，按 tune 自定义的音阶和节拍播放声音

【交流】

讨论并交流 micro:bit 自带的音乐都有哪些。

【阅读】

音阶就是以全音、半音以及其他音程顺次排列的一串音，音乐中的八度音阶就是 CDEFGAB，如 C3、D3、E3、F3、G3、A3、B3 分别表示低音阶的 do、re、mi、fa、sol、la、si，C4、D4、E4、F4、G4、A4、B4 分别表示中音阶的 7 个音。持续时间用数字表示，数字 2 约为半拍的时间，数字 4 约为一拍的时间，数字 8 约为两拍时间。"C4:8" 相当于简谱中的 "1-"。音符名称 R 则让 MicroPython 在指定的持续时间内播放休息声（即静音）。简谱和音阶名（编程时所用）的对应关系如表 3-12 所示。

表 3-12　简谱与音阶名称对照表

唱名	do	re	mi	fa	sol	la	si
低音阶简谱	1	2	3	4	5	6	7
编程音名	C3	D3	E3	F3	G3	A3	B3
中音阶简谱	1	2	3	4	5	6	7
编程音名	C4	D4	E4	F4	G4	A4	B4
高音阶简谱	1	2	3	4	5	6	7
编程音名	C5	D5	E5	F5	G5	A5	B5

3）编程播放警报音

用 MicroPython 不仅可以编写乐音程序，而且也可以编写出非音符的声音程序。程序 3-18 就是相当于警笛效果的报警程序（注意频率不能超过 4000Hz）。

★程序 3-18　播放警笛音

```
import music
while True:
    for freq in range(100, 4000, 100):
        music.pitch(freq, 5)  # pitch()方法以frep值的音频发声，并持续5ms
```

3. 控制电压输出

控制电压输出的应用场合很多，例如灯光亮度调节、声音音量调节、电动机转速调节等，这里仅以"可调速电风扇"为例来说明。

1）功能设想

让电风扇风叶的转速跟随可变电阻的变化而变化，即可变电阻分担的电压越大，电风扇转速越快，反之亦然。

2）电路连接

将 micro:bit 插入连接器板的插槽，再将连接器板的 P0 引脚外接可变电阻（电位器），而 P13、P14 引脚接电风扇模块（电动机＋风叶），如图 3-19 所示。

图 3-19　可调速电风扇电路连接图

3）程序设计

可用 MicroPython 编写简单控制程序。如果读取到可变电阻两端的电压高，就给电机所接引脚较高的电压。

★程序 3-19 可调速电风扇

```
from microbit import *
while True:
  v=pin0.read_analog()
  pin14.write_analog(v)
  sleep(10)
```

可调速电风扇程序说明如表 3-13 所示。

表 3-13 可调速电风扇程序说明

程序说明	电位器从一端调至另一端，电机（带动扇叶）转速随之改变
电路连接	电位器连接 P0，P13、P14 引脚接电机
pin0.read_analog()	读取 P0 口的模拟电压值
pin14.write_analog(v)	将模拟电压值写入 P14。如果想反转，可将值写入 P13

小龙实现了让"贴心小哥"唱歌的想法，学会了 micro:bit 的输出控制，还意外地解决了一个问题：可调速电风扇可以给小弟弟带去凉爽的小风，妈妈再也不用担心他睡觉着凉了。

● 项目实施

请根据小组自选主题的项目方案，结合本节所学知识，尝试将灯光或音乐等元素运用到项目中，为项目添加更好的艺术效果，进一步讨论、完善该项目方案中的各项探究活动，并进行探究实践。

第 3 节　micro:bit 对舵机的控制

● 小龙的想法

妈妈想锻炼弟弟做家务的能力，可是小家伙总是推三阻四。一个好哥哥不需要帮助弟弟做家务，但是可以帮助他做选择。小龙想用 micro:bit 做一个随机选择器，在玩的过程中吸引弟弟做家务。他开始探究用 micro:bit 控制舵机，让"贴心小哥"动起来。

舵机是一种位置（角度）伺服的驱动器，简称伺服马达（servo motor），最早用于船舶上实现转向功能，由于可以通过程序连续控制其转角，因而被广泛应用于航模、智能小车的转向以及机器人的各类关节运动等场景中。

一、舵机控制

舵机主要由外壳、电路板、无核心马达、齿轮与位置检测器（可调电阻）构成。普通舵机有3根线：GND（黑或棕，地线）、VCC（红，5V电源线）、Signal（橙，控制线），如图3-20所示。一般情况下，应为舵机单独供电，实验中为方便演示往往从micro:bit板直接取电。

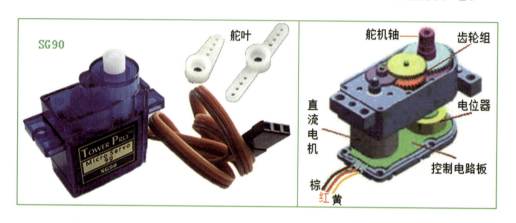

图 3-20　舵机与舵机构造图

舵机的工作原理是当舵机接收到控制信号后，先经电路板上的IC判断转动方向，再驱动无核心马达开始转动，经过减速齿轮将动力传至摆臂，同时由位置检测器送回信号，判断是否已经到达定位角度。

舵机的工作流程：控制信号→控制电路板→电机转动→齿轮组减速→舵盘转动→位置反馈电位计→控制电路板反馈。

舵机的控制信号为周期20ms的脉冲调制（PWM）信号，其中脉冲宽度为0.5～2.5ms，相对应的舵盘位置为0～180°，呈线性变化，如图3-21所示。也就是说，给它提供一定的脉宽，它的输出轴就会保持在对应角度上，直到给它提供一个另外宽度的脉冲信号，它才会改变输出角度到新的对应位置上，如图3-22所示。

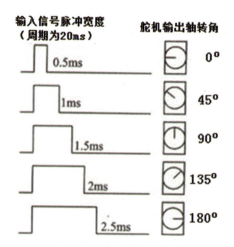

图 3-21　舵机输出转角与输入脉冲的关系

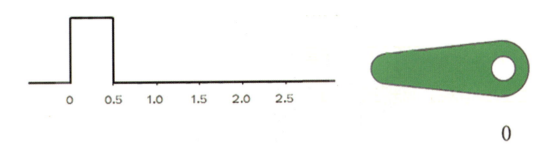

图 3-22　舵叶转动与输入脉冲的关系

二、舵机应用——家务小转盘

利用舵机能精确控制角度的功能,制作一个可以指向随机方向的家务小转盘,实物如图 3-23 所示。

图 3-23　家务小转盘实物图

1. 电路连接

将舵机通过连接器板连接 micro:bit 板,如图 3-24 所示。

2. 程序设计

用按键 A 和按键 B 控制。当按下按键 A 时,先给舵机以 0.5ms 的脉冲宽度(周期为 20ms),让舵机处于 0° 的初始位置,再给舵机以 2.5ms 的脉冲宽度,转到 180° 的位置。当按下按键 B 时,通过产生的随机数,让舵机转动到随机位置。

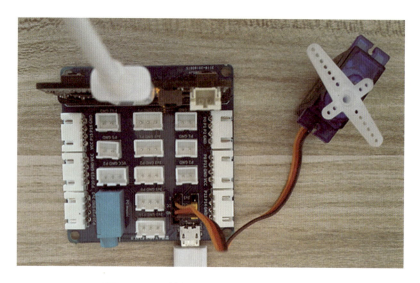

图 3-24 舵机与 micro:bit 板连接

★程序 3-20 家务小转盘

```
from microbit import *
import random
def PWM(t):                      #脉冲宽度设置函数,无返回值
    for i in range(1,20):        #循环20次,让舵机转到指定位置
        pin2.write_digital(1);
        sleep(t)                 #针脚P2高电平保持时间tms
        pin2.write_digital(0);
        sleep(20-t)              #针脚P2低电平保持时间20-t
while True:
    if button_a.is_pressed():
        PWM(0.5);
        PWM(2.5);
    elif button_b.is_pressed():
        a = random.uniform(0.5, 2.5)
        a=round(a, 1)
        PWM(a);
```

家务小转盘程序说明如表 3-14 所示。

表 3-14 家务小转盘程序说明

程序说明	如果按下按键A,舵机先转到0°,再转到180°;如果按下按键B,舵机随机转动到0°~180°的某个角度
电路连接	舵机接在P2接口
random.uniform(0.5, 2.5)	uniform()函数产生某个范围内的小数值
round(a, 1)	round()函数控制小数的保留位数,如round(a,1)保留小数a为1位小数

三、舵机应用——八音自动打击琴

利用舵机和 micro:bit，可以自行设计制作一个简易的自动打击琴，如图 3-25 所示。

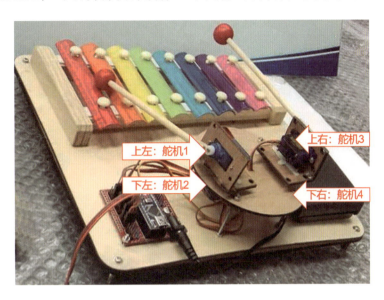

图 3-25　八音自动打击琴

1. 打击琴键盘制作

八音自动打击琴的键盘可以用不同长度的竹板或亚克力板自行制作（自制时要注意按板长调准音律，如 do、re、mi、fa、sol、la、si、DO），也可购买现成的八音打击琴套件，如图 3-26 所示。

图 3-26　八音打击琴套件

2. 打击琴主体制作

八音自动打击琴的自动化主要是利用舵机和 micro:bit 通过编程控制来实现的，其主体由三部分组成（参见图 3-25）。

（1）底盘：固定在平台上，底盘下方留有足够空间，以方便安装舵机2和舵机4。

（2）左打击手：通过舵机2固定在底盘上，由可左右转动的支架和可上下移动的打击棒构成——打击棒固定在舵机1的舵盘上，舵机1固定在左支架上；左支架固定在舵机2的舵盘上，舵机2固定在底盘下方。

（3）右打击手：通过舵机4固定在底盘上，由可左右转动的支架和可上下移动的打击棒构成——打击棒固定在舵机3的舵盘上，舵机3固定在右支架上；右支架固定在舵机4的舵盘上，舵机4固定在底盘下方。

3. 程序设计

思路：若要通过打击发出某一乐音，可转动某一打击棒打击某一乐键。

（1）当演奏do、re、mi、fa四个音区中的某一音时，由左打击手的舵机2转动到合适位置，再由舵机1负责击打，乐音节奏通过延时语句（sleep（500））控制。

（2）当演奏sol、la、si、DO四个音区中的某一音时，由右打击手的舵机4转动到合适位置，再由舵机3负责击打，乐音节奏通过延时语句控制。

按上述思路，对具体的乐曲可编写出不同的自动打击乐程序。

学会了控制舵机，就像人类拥有了手脚，可以做很多动作操控。小龙的家务小转盘发挥了预期的作用。

● 项目实施

请根据小组自选主题的项目方案，结合本节所学知识，尝试将舵机等动作控制功能运用到项目中，为项目增加更好的互动效果，进一步讨论、完善该项目方案中的各项探究活动，并进行探究实践。

第4节 micro:bit 交互通信

● 小龙的想法

暖男小龙不仅是个好哥哥，还经常操着老父亲的心。他发现老爸经常把老妈惹毛，又不好意思道歉，偷偷躲到一边，然后老妈的脸越来越黑。怎么办呢？给"贴心小哥"增加一个无线通信的功能吧，只要老爸拿着"小哥1号"让它点"头"，老妈面前的"小哥2号"就会露出一个"傻乎乎"的"笑脸"，最好还能唱一首表示歉意的歌。于是小龙开始研究micro:bit的交互通信。

一、micro:bit 有线通信

micro:bit的有线通信非常简单，只需将两块micro:bit板连接在一起，就可以互相发送和接收消息。

1. 网络连接

把网络想象成一系列的层。最底层是网络连接（也称物理层）：信号可以通过某种方式从一个设备传输到另一个设备。

这里，我们使用两条导线将两块 micro:bit 板连接起来，构成一个简单的网络，如图 3-27 所示，蓝色 micro:bit 和红色 micro:bit 通过鳄鱼线连接。两者都使用引脚 P1 作为输出，引脚 P2 作为输入，即一个设备的输出连接到另一个设备的输入。这有点像手持电话，一端有麦克风（输入），另一端有扬声器（输出）。

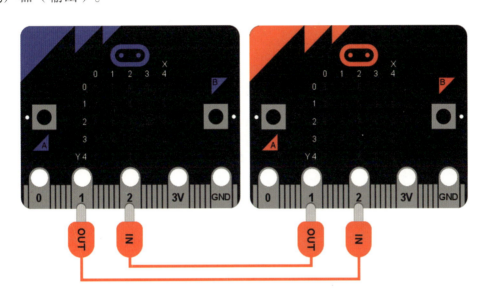

图 3-27　两块 micro:bit 有线互连

2. 信号传输

网络的下一层是信号层，即双方进行信号的发送与接收。

在本例中，发送方利用按键通过 I/O 引脚发送数字通或断的信号，例如，若按钮 A 被按下，则使用 pin1.write_digital（1）语句通过引脚 P1 发送高电平信号，否则通过 pin1.write_digital（0）发送低电平信号。

接收方通过 pin2.read_digital( ) 语句来接收读取的信号值（1 或 0）。

3. 网络协议

协议是指彼此约定并共同遵守的规则。两者对话必定要使用某种语言并遵守对应规则，这种语言及其规则就是协议。同样，两块 micro:bit 板，要进行通信，要发送、接收、处理信息，也必须有一个一致的协议。

例如，最简单的协议就是约定按键 A 表示"是"，按键 B 表示"否"，同时按下按键 A、B 表示"结束"。

当然，要想进行完美的交流，就必须设计包容更丰富的信息协议，影视中常见的莫尔斯电码发送和接收信息的协议就能很好地交流。这种协议定义了如何通过长或短时间的开、关信号来发送基于字符的消息。长持续时间记为短横线（-），短持续时间记为点（.），并且约定不同的组合代表不同的字母或数字，如图 3-28 所示。

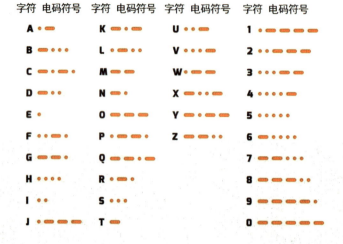

图 3-28　字符和莫尔斯电码对照图

根据以上字符编码对照图，发送字符"A"就是发送一个短信号和一个长信号。显然，确定一点或一个破折号的时间为多长很重要。可以设定：

（1）点——小于 250ms。

（2）短横线——250～500ms。

（3）间隙或停顿——大于 500ms。

这样就可以用一个按键完整地发送想要发送的信息。

【实践】

根据图 3-28，将你所要表达的内容整理成相应的电码符号，并相互交流。

4. 通信应用

使用以上定义的协议，在发送方，可以使用 pin1.write_digital（1）语句，通过按键向另一块 micro:bit 板发送信息，例如，发送 ..../.-../.-../---/.--/---/.-./.-../-.. 序列信号。

在接收方，可以使用 pin2.read_digital( ) 语句来读取信号，然后通过扬声器的"嘀答"声表现出来，或者根据编码表将所接收的信号翻译成字符或数字，在 5×5 LED 矩阵中显示出来。

在两块互连的 micro:bit 板里，让第一块板作为发送方，并编写以下程序下载到 micro:bit 中。

★程序 3-21　简易发报机

```
from microbit import *
while True:
    if button_a.get_presses( ):
        pin1.write_digital(1)
    else:
        pin1.write_digital(0)
```

简易发报机程序的说明如表 3-15 所示。

表 3-15　简易发报机程序说明表

程序说明	第一块 micro:bit 板作发报机，按下按键 A，向引脚 P1 写入高电平，否则写入低电平
电路连接	两块 micro:bit 板如图 3-27 所示将引脚互连，第二块 micro:bit 板作接收机，引脚 P2 接上扬声器

二、micro:bit 无线通信

每块 micro:bit 板都内置了无线电芯片和天线，因而板与板之间可以直接进行无线通信。

1. 两块 micro:bit 板间的无线通信

两块 micro:bit 板，让一块作无线发射机，发送无线指令；另一块作无线接收机，接收指令，并按指令动作或翻译显示指令。

1）无线连接

两块 micro:bit 板通过天线实现无线连接，如图 3-29 所示。

图 3-29　两块 micro:bit 板无线连接

2）发射机

发送信息需用到 radio 模块，通过调用 radio.on( )/radio.off( ) 函数打开/关闭 radio（一般情况下，radio 模块被配置为合理的默认设置），然后可利用 radio.send（"a message"）指令向外发送数字或字符串。

通过按键 A 发送信息，约定：按键时间若小于 250ms 则发送数字 0；若大于 250ms 而小于 500ms 则发送 1，其他情况不发送。参考程序如下。

★ 程序 3-22　无线发射器

```
import radio
from microbit import *
```

```
    buffer = ''                                 # 保存接收信号
    radio.on( )                                 # 必须打开radio，否则无法工作
    while True:
        key_down_time = None                    # 重置按键"按下"的时间戳
        while button_a.is_pressed( ):           # 当按键被按下，则 ...
            if not key_down_time:               # 开始设置"按下"时间
                key_down_time = running_time( )
    # 如果有按键"按下"时间（第一次按下按键A时创建）
        if key_down_time:
            duration = running_time( ) - key_down_time  # 算出被按压了多长时间
            if duration < 250:                  # 若时间小于250ms，则记为0
                buffer += '0'
            elif duration < 500:                # 否则，若小于500ms，则记为1
                buffer += '1'
            else:             # 否则，记为' '表示停顿，并重置设备开始等待按键按下的时间
                buffer += ' '
        if button_b.is_pressed( ):              # 如果按键B按下则无线发送字符串
            radio.send(buffer)                  # 无线发送字符串
            display.scroll(buffer)
            buffer = ''                         # 重置缓冲区为空
```

3）接收机

接收信息也需用到radio模块，使用radio.on( )函数打开radio，利用radio.receive( )函数无线接收数字或字符串，然后将接收到的消息在5×5 LED显示。无线接收的参考程序如下。

★程序3-23 无线接收器

```
import radio
from microbit import *
radio.on( )
while True:
    display.scroll(str(radio.receive( )))
```

程序3-22和程序3-23的说明和语句解读如表3-16所示。

表3-16 无线接收器程序说明

程序说明	第一块micro:bit板作无线发射器，按下按键A开始记录发送信号，长按记录信号1，短按记录信号0，按键B开始发送无线信号； 第二块micro:bit板作无线接收器，将接收到的信号以字符串形式显示在5×5显示屏上
import radio	使用无线通信功能一定要导入radio模块
radio.on( )	使用无线通信功能必须用radio.on( )方法，否则无法工作
running_time( )	返回启动时间

radio.send( )	用来无线发送消息
radio.receive( )	用来接收无线信息

注意：micro:bit 的无线通信，通过循环方式将按键数据不停地发送出去。这种无线通信，距离一般为 10m，空旷地区最远可达 50m。

【实验】

两个同学之间利用 micro:bit 的无线通信功能进行无线消息的收发实验，并相互交流信息发送和接收的准确率。

2. 无线组播

用多块 micro:bit 板可以实现无线组播，就像使用对讲机一样：每个人都在同一个频道中收听，每个人都能听到其他人通过该频道广播的内容。

具体的程序设计思路如下。

（1）让每一块 micro:bit 板在按键 A 被按下后，使用 radio 模块发出一个 flash 的无线指令。

（2）另外的板接收到无线指令后随机暂停一段短时间，再通过 5×5 LED 播放一个闪光动画。

（3）接收到无线指令的板，在播放闪光动画后，随机暂停一会儿再自动发出同样的无线指令。

……

如此就可以让所有的 micro:bit 板实现无线组播，并随机而非同步地播放闪光动画，就像一群萤火虫互相发送信号时的景象，如图 3-30 所示。

图 3-30　micro:bit 萤火虫场景示意图

闪光动画可以设计成亮 1s 即灭的简单图形显示，也可以利用 5×5 LED 设计成像萤火虫一样的"发光—消隐"的动画。闪光动画的程序代码为：

```
flash = [Image( ).invert( )*(i/9) for i in range(9, -1, -1)]
```

无线组播 micro:bit 萤火虫的参考程序代码如下。

★**程序 3-24　micro:bit 萤火虫场景**

```
import radio
import random
```

```
from microbit import display, Image, button_a, sleep
# 创建Flash动画
flash = [Image( ).invert( )*(i/9) for i in range(9, -1, -1)]
# radio 开
radio.on( )
while True:
    # 按键A被按下就发送一个"flash"消息
    if button_a.was_pressed( ):
        radio.send('flash')
    # 读取进来的消息
    incoming = radio.receive( )
    if incoming == 'flash':
        # 如果进来的消息是Flash，在一个随机暂停后播放Flash动画
        sleep(random.randint(500, 1500))
        display.show(flash, delay=100, wait=False)
        # 随机暂停一定时间，发送一个"flash"消息
        sleep(random.randint(150, 500))
        radio.send('flash')
```

用两块micro:bit板，都写入程序，当其中一块按下按键A时，就开始发送"flash"消息；如果接收到"flash"消息，就开始播放"flash"动画，并继续发送"flash"消息，这样就实现了在micro:bit板间进行消息的"扩散"传递。

小龙顺利实现了两块micro:bit板之间的交互通信。关于信息的传递，他有很多的应用灵感，比如莫尔斯密码的发报和解读。

● 项目实施

请根据小组自选主题的项目方案，结合本节所学知识，尝试将交互通信等功能运用到项目中，为项目增加更好的艺术效果，进一步讨论、完善项目方案中的各项探究活动，并进行探究实践。

第5节　micro:bit感知外部信息

● 小龙的想法

小龙的创造力源于他对生活敏锐的观察和感知。他认为自己的作品"贴心小哥——智能小伙伴"也应该拥有他这样美好的品质——善于感知外界，并做出积极的应对。他发现有时候妈妈的心情不好，作为一个好儿子，他有义务安抚妈妈。于是，他又给"贴心小哥"增加了一个安抚功能——要是妈妈心情不好，就可以冲着"贴心小哥""发泄"吹气，"小哥"就会献出鲜红的"爱心"，否则就显示微笑表情。

用机器感知外部环境信息，如光线、温度、湿度、声音、气味、压力等，往往需要用到传感器。

传感器的存在和发展，让物理世界中的物体有了触觉、味觉和嗅觉等感官，使物体变活了，也使自动控制、人工智能等方面的发展迅猛异常。

一、传感器

传感器的设计制作都是根据其感知元件的基本功能展开的，这些感知元件包括热敏、光敏、气敏、力敏、磁敏、湿敏、声敏、色敏、味敏、放射线敏感元件十大类。下面以光敏传感器为例来说明其设计制作过程。

1. 设计原理

1）关键元器件

光敏传感器的关键元件包括光敏电阻和光敏二极管。光敏电阻和光敏二极管能将光能转换成电能，在电路中产生电流，即有光照射时，它在电路中的电流会增大，等效于其所在电路中的电阻减少。常见的光敏电阻和光敏二极管如图3-31所示。

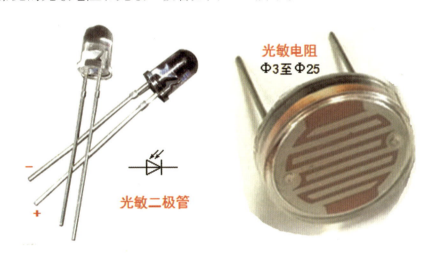

图3-31　光敏二极管与光敏电阻

2）感光电路

用一个10kΩ的电阻和光敏二极管或光敏电阻串联，与5V电源相接，可构成感光电路，如图3-32左图所示。

图3-32　感光电路与光敏传感器模块

图 3-32 右图所示为封装好的光敏传感器模块，其模拟数据 A0 的测量就是按左图电路所设计（其数字数据 D0 的测量值为 1 或 0）。

2. 感光电压监测

利用 micro:bit 开发板的模拟输入引脚可以精确地读取光敏电阻两端的电压变化（进而检测到感光量的变化），这些模拟数据可通过 5×5 LED 显示。

1）光敏传感器模块的连接

将光敏传感器模块的 VCC、GND、A0 分别对应连接 micro:bit 板的 VCC、GND、P0 引脚。

2）电压监测程序

使用模拟数据读取函数、输出函数和延迟指令，可编写 MicroPython 程序如下。

★程序 3-25 读取光敏传感器电压模拟值

```
from microbit import *
while True:
    v=pin0.read_analog()
    display.scroll(v)
    sleep(1000)
```

3）感光电压监测调试

用 USB 线将 micro:bit 开发板与编程计算机连接，将编写的程序保存为 .hex 格式文件，并发送到 micro:bit 开发板；查看 5×5 LED 的显示数据是否正常，记录感光电压的变化阈值（可用手遮挡光敏二极管或光敏电阻，监测显示数据的变化情况）。

注意：本例是利用外接的光敏传感器进行感光实验。如本章第 1 节所述，micro:bit 有自带感光传感器。温度传感器的设计原理与光敏传感器类似（温度变化会引起温敏电阻所在电路两端电压发生变化）；其他传感器的设计依据相关的物理原理进行。

【实验】

声音传感器如图 3-33 所示，黄圈处可以用螺丝刀旋转螺丝方向，调整其敏感度。编程实现用声音传感器检测声音，并变换 5×5 LED 的显示图像，如图 3-34 所示。在下列程序的基础上进行修改并观察其输出变化。

```
from microbit import *
pin8.write_digital(1)
while True:
    v=pin8.read_digital()
    if v==0:
        display.show(Image.HAPPY)
        sleep(1000)
        pin8.write_digital(1)
    else:
        display.show(Image.SMILE)
```

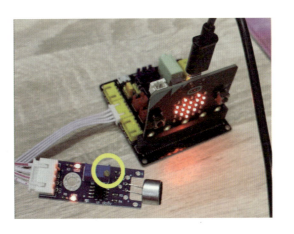

图 3-33　声音传感器

图 3-34　检测声音，显示图案

二、蓝牙通信

蓝牙技术设备在全球通用的一个频段为 2.4GHz，数据速率为 1Mb/s，可使相距最多 100m 的设备互相连接。通常，一个蓝牙设备一旦搜寻到另一个蓝牙设备，马上就可以建立联系，而无须用户进行任何其他设置，而且系统稳定。这里，我们以手机蓝牙与 micro:bit 外接蓝牙进行通信，通过手机控制 micro:bit 上的其他外接设备，如 LED、蜂鸣器等。

1. micro:bit 端设备连接

1）蓝牙模块 BT08B

BT08B 是主从一体的蓝牙串口模块，简单地说，当蓝牙设备与蓝牙设备配对连接成功后，可以忽视蓝牙内部的通信协议，直接将蓝牙当作串口用。一个设备发送数据到串口通道中，另外一个设备便可以接收串口通道中的数据。BT08B 默认状态为从模块，若要变成主模块，可以进入 AT 状态，通过 AT 指令进行设置。蓝牙模块 BT08B 如图 3-35 所示。

2）电路连接

蓝牙模块 BT08B 与 micro:bit 开发板的连接（注意，除了 RX、TX 的交叉连接外，VCC 应接 micro:bit 开发板的 3.3V），以及 LED 与 micro:bit 开发板的连接，如图 3-36 所示。

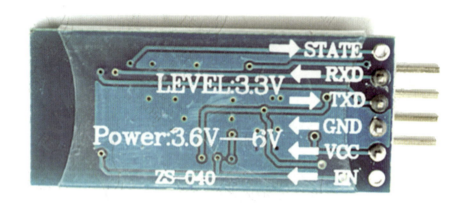

图 3-35　蓝牙模块 BT08B

图 3-36　蓝牙及 LED 与 micro:bit 开发板的连接

注意：

① 尽管 micro:bit 有板载蓝牙，但它只有 16KB 的 RAM，单是 BLE（Bluetooth Low Energy，蓝牙低能耗）就占用了 12KB 内存，这意味着没有足够的内存来支持蓝牙作其他用途。因此，这里就使用外接蓝牙通过串口与手机进行数据通信。

② 蓝牙与 micro:bit 连接必须采用"交叉"连接，即 micro:bit 板上的指定 Tx 引脚（Pin13）必须与外接蓝牙上的 Rx 引脚连接，指定 Rx 引脚（Pin14）必须与外接蓝牙上的 Tx 引脚连接。

【实践】

尝试利用 micro:bit 和蓝牙模块，对 micro:bit 上的板载设备进行无线控制。

2. micro:bit 端程序设计

micro:bit 端的程序设计，主要是针对接收手机蓝牙发来的指令，然后控制外接设备的动作（如 LED 开启或关闭）。

（1）利用蓝牙模块 BT08B 从串口读取手机蓝牙发来的指令并存入变量 getstr 中。

（2）如果指令为"k"，则让 LED 亮灯（设置数字引脚 0 为高电平）。

（3）如果指令为"g"，则让 LED 熄灭（设置数字引脚 0 为低电平）。

……

参考程序如下：

```python
from microbit import *
uart.init(baudrate=9600, bits=8, parity=None, stop=1, tx=pin13, rx=pin14)
while True:
    getstr = uart.read( )
    if getstr=='k':
        pin0.write_digital(1)
        display.show(Image.YES)
    if getstr=='g':
        pin0.write_digital(0)
        display.show(Image.NO)
```

注意：micro:bit 库中的 UART 模块允许使用串行接口（TX 串行发送，RX 串行接收）与连接到 micro:bit 板的设备通信。默认引脚为 pin0[TX] 和 pin1[RX]，如果指定 pin13 为 [TX]，pin14 为 [RX]，则必须在程序设计中将默认串口 pin0、pin1 重定向到 pin13、pin14。

3. 手机端程序设计

进入 app.gzjkw.net，登录 App Inventor 网站，将屏幕"标题"属性设置为"蓝牙控制 LED"或"开关 LED"，并在手机上运行 AI 伴侣进行测试连接。

1）组件设计

向工作面板编辑区拖入标签、按钮、列表选择框组件及蓝牙客户端组件等，并进行相应的界面设计，如图 3-37 所示。

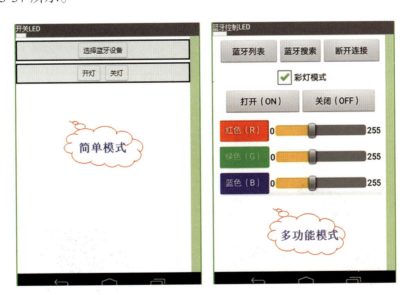

图 3-37 手机 App 程序界面

2）逻辑设计

进入逻辑设计状态后，按以下思路编程（以简单界面为例）。

（1）利用"列表选择框"让用户选择与手机配对的外部蓝牙设备。

（2）当"列表选择框"选择完成后，让用户知道外部蓝牙设备与手机蓝牙可以通信。

（3）根据"按钮"的功能（如"开灯""关灯"等）让手机蓝牙向 micro:bit 所接外部蓝牙设备发送指令。

具体的逻辑设计如图 3-38 所示。如果同学们想深入了解手机蓝牙控制，可以学习 App Inventor 程序设计知识，这里不作详细说明。

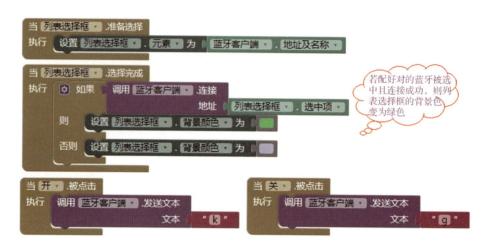

图 3-38 手机 App 逻辑设计（简单界面）

注意：蓝牙有两种通信版本，A 类蓝牙用在大功率 / 远距离的产品上，有效通信距离可达 80m 以上，蓝牙 5.0 可达 300m；B 类蓝牙多用于手机 / 耳机 / 软件加密狗等个人通信产品上，耗电量和体积较小，有效距离一般是 8～30m。

【交流】

登录 App Inventor 开发网站，简单尝试其使用方法，并就手机编程相互交流。

小龙的"贴心小哥——智能小伙伴"经过问题分析、功能测试、产品包装等一系列探究，终于制作完成了。原型如图 3-39 所示。封装后的作品如图 3-40 所示。

图 3-39 项目范例作品原型

图 3-40 项目范例作品实物

"贴心小哥——智能小伙伴"的功能描述如表 3-17 所示。

表 3-17 项目范例作品功能描述

功能描述	器 材	接 口	输入或控制	输出
吹气，显示爱心；否则显示微笑	声音传感器	Pin8	朝声音传感器吹气	5×5 LED 显示爱心表情
			未吹气	5×5 LED 显示微笑表情
可调节风扇	电位器	Pin1	电位器调节电压	
	电机	Pin13、Pin14	读取 Pin1 模拟信号	电机带动风页改变转速
根据第一块 micro:bit 的状态，发送不同的无线信号	micro:bit	无	读取 micro:bit 的状态，为 face down 和 shake 发送不同信号	发送无线信号
第二块 micro:bit 接收无线信号	扬声器	Pin0	读取无线信号	显示图案
				播放音乐
测室温并显示	micro:bit	无	按下按键 B	5×5 LED 显示温度
米老鼠随机选择器	米老鼠 LED 灯	Pin2	按下按键 A	随机亮灯

"贴心小哥——智能小伙伴"程序的源代码见程序 3-26 和程序 3-27。

★程序 3-26 项目范例"贴心小哥——智能小伙伴"小哥 1 号发送端程序

```python
from microbit import *
import radio
import music
import neopixel
import random
np = neopixel.NeoPixel(pin2, 15)  # 设置米老鼠灯
def ChoW(t):   # 随机选择，让某个灯 x 亮蓝灯 t ms
    x=random.randint(0,14)
    for i in range(0,15):
        if i==x:
            np[i] = (0,0,100)
            np.show()      #用 show() 方法将设置发送到像素
            sleep(t)
        else:
            np[i] = (0,0,0)
            np.show()

while True:
    # 功能一——吹气，显示爱心；否则显示微笑
    pin8.write_digital(1)
    v=pin8.read_digital()
    if v==0:
        display.show(Image.HAPPY)
        sleep(2000)
        pin8.write_digital(1)
    else:
        display.show(Image.SMILE)
    # 功能二——可调风扇
    v=pin1.read_analog()
    pin14.write_analog(v)   # 写入 v
    sleep(10)              # 延迟 10ms
    # 功能三——发送无线信号
    radio.on()
    buffer = ''
    gesture = accelerometer.current_gesture()
    if gesture == "face down":
        buffer='520'
    elif gesture == "shake":
        buffer='521'
    radio.send(buffer)
    buffer = ''
    # 功能四——按按键 B 测温，并显示
```

```
if button_b.is_pressed( ):
    display.scroll(temperature( ))
# 功能五——让米老鼠变选择器，按按键A+随机亮某个灯1s
if button_a.is_pressed( ):
    ChoW(1000)
```

> ★程序3-27 项目范例"贴心小哥——智能小伙伴" 小哥2号接收端程序

```
from microbit import *
import radio
import music
while True:
    # 功能三——接收无线信号，显示并播放音乐
    radio.on( )
    if str(radio.receive( ))=='520':
        display.scroll("520")
        music.play(music.WEDDING)
    elif str(radio.receive( ))=='521':
        display.scroll("521")
        music.play(music.WAWAWAWAA)
```

经过本章的探究与实践，小龙完成了他的项目作品"贴心小哥——智能小伙伴"。他的收获很多，进一步掌握了Python编程的应用，而且从虚拟走向现实，真正地实现了用编程解决生活中的问题。不管他的作品成熟与否，都是他积极观察生活、大胆尝试创新的结果。

● 项目实施

请根据小组自选主题的项目方案，结合本节所学知识，尝试将传感器及蓝牙等功能运用到项目中，将Python与开源硬件紧密结合，进一步讨论完善该项目方案中的各项探究活动，并进行探究实践，同时参照项目范例的样式，撰写项目成果报告。

● 成果交流

请各小组完善自己的项目作品，整理程序和项目实施方案，形成项目学习可视化报告，并进行成果交流。

● 活动评价

各小组根据项目选题、拟定的项目方案、实施情况以及所形成的项目成果，根据本书附录的"项目活动评价表"，开展项目学习活动评价。

本章扼要回顾

通过本章的学习,根据"Python与开源硬件"的知识结构图,扼要回顾,总结、归纳学过的内容,建立自己的知识结构体系。

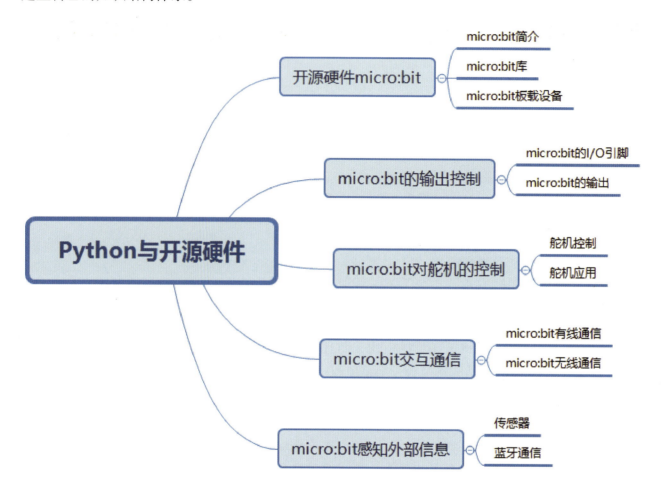

回顾与总结

附录　项目活动评价表

项目学习过程	创新创作素养达成	一级指标	二级指标	评价结果
选定项目	从现实世界中选择明确的项目主题，形成创新的敏感度和价值判断力。分析项目目标的可行性。	项目选题	从现实世界选择项目主题的能力	□优秀 □良好 □中等 □仍需努力
			化抽象概念为现实问题的能力	
			对创新的敏感度和价值判断力	
		项目分析	分析项目目标的能力	□优秀 □良好 □中等 □仍需努力
			分析项目可行性的能力	
			从现实世界发现项目素材的能力	
规划设计	组建团队与明确项目任务，体现正确的社会责任意识。规划项目，交流方案。	项目规划	组建团队与明确项目任务的能力	□优秀 □良好 □中等 □仍需努力
			规划项目学习工具与方法的能力	
			预期项目成果的能力	
		方案交流	交流项目方案的能力	□优秀 □良好 □中等 □仍需努力
			完善项目方案的能力	
			体现正确的社会责任意识	
活动探究	通过团队合作，围绕项目进行自主、协作学习。开展探究活动，提升信息获取、处理与应用、创新能力。	团队合作	自主学习能力	□优秀 □良好 □中等 □仍需努力
			分工与协作能力	
			交流与沟通能力	
		探究活动	信息获取与处理能力	□优秀 □良好 □中等 □仍需努力
			探究与联想能力	
			实践与创新能力	

续表

项目学习过程	创新创作素养达成	一级指标	二级指标	评价结果
项目实施	针对项目进行分解，明确需要解决的关键问题，并采用科学的思想方法，在形成问题解决方案的过程中，实现预设目标，完成作品。	工具方法	采用科学的思想方法的能力	☐优秀 ☐良好 ☐中等 ☐仍需努力
			使用数字化工具与资源的能力	
			数字化学习能力	
		实施方案	针对项目进行分解的能力	☐优秀 ☐良好 ☐中等 ☐仍需努力
			明确需要解决的关键问题	
			完成方案中预设目标的能力	
项目成果交流与评价	与团队成员共享创作快乐，提升批判性思维能力与社会责任感。评价项目目标与成果质量效果。	成果交流	清晰表达项目主题与过程的能力	☐优秀 ☐良好 ☐中等 ☐仍需努力
			与团队成员共享创造与分享快乐	
			提升批判思维能力与社会责任感	
		项目评价	运用新知识与技能实现项目目标	☐优秀 ☐良好 ☐中等 ☐仍需努力
			项目成果的可视化表达质量	
			项目成果解决现实问题的效果	
综合评价				